Uncharted Unknown

道なき未知

MORI Hiroshi

Soulmate 08

U0042941

活著——————就是一種未知。

沒有路的路

「總覺得好像有著什麼」的預感可以溫暖人心，只有向前走，才會知道是不是路。

森博嗣

楊明綺——譯

目次

推薦序、真正讓我們自由的，不是路，而是思考

褚士瑩——作家、哲學諮商教練

「自由」，不是不受到限制

是作家、也是工學博士的森博嗣，離開大學的研究工作之後，隱居在日本深山，開始在自宅外原本沒有路的森林裡，親手打造了一條能載運人或重物行駛三百公尺的鐵道，也建造了能供好幾個人搭乘的車廂。但這條鐵道，既不會出現在衛星導航中，Google 地圖上也找不到。

老實說，這條鐵道也沒有通到哪裡，照森博嗣自己的說法，只是「避開樹木、沿著緩坡吟味而行」。對他而言，這是理所當然的事——既然沒有路，就鋪設一條吧！

這樣自由的想法，很多人歸結於「理科腦」，或是這種自由只屬於很會使用工具的「職人」，但我相信這更是「自由」和「思考」的產物。

工具，是一種奇妙的存在。它幫助我們能更具體地看見通往「可能性」的路，而看得見這種可能性，本身就是好事。所以我很同意森博嗣說的：

「我認為自由就是按照自己的想法行動，得到意料中的結果，所以光有可能性，並非是自由；但要是沒有可能性，什麼也無法開始。

想要憑一己之力開拓人生道路，必須先思考。雖然思考不是『行動』，但不思考便無法催生可能性，亦即不思考的人，毫無自由可言。」

自由，不是不受到限制，而是「使用工具」，讓我們自由。甚至「知道有工具可以使用」這種可能性，也可以讓我們感到自由。

「思考」，讓選擇無窮無盡地出現

比如「找路」，無論是實際的動作、還是一種人生的譬喻，其實都只是在許多別人已經開好的路徑當中，選擇其中一條來走。

地圖讓我們自由，免於迷路；看不到盡頭的道路也讓我們感到自由，免於受困在此時此刻。但無論這種自由是真的還是假的，地圖或是道路，都可以成為讓人體會自由的工具，因此是「好工具」。

自由的人會使用工具，讓自己在重重限制中也能感到自由，也可以當好別人的工具，讓別人感到自由。

自由可以用來找路，也可以用來不找路。

而思考，不單適用於喜歡自由的人，也適合不喜歡自由的人。

尋路是一種自由，就如森博嗣說的，即使本來就存在的事物，「只要是自己不知道的，都是未知」。當然也可以選擇自己開路，所以森博嗣不搭火車，不坐巴士、電車，但是他走路，在森林裡自己鋪鐵道，自己開車。反正路不一定在地上，萬一開車也到不了的地方，就搭飛機，因為天空也都是路。這麼說來，水上的水路、甚至冰島號稱「通往地心」的斯奈菲爾（Snæfellsjökull）火山，當然也都可以是路。

如果會思考，對「路」的想像，就會不斷地擴張——就跟對「自由」的想像一樣。

「思考」讓可以選擇的路，無窮無盡地出現在眼前。

真正讓我們自由的，不是路，而是思考，有紀律的思考，而不是想像。

附註——本文是由褚士瑩先生專為本書所作之推薦序，本書因故延後至二〇二〇年九月出版，以致褚士瑩先生在《我為什麼去法國上哲學課？（實踐篇）》一書中另由本文延伸改寫之序已先行發表。為避免因兩書出版時間差而造成誤解與混淆，特此補註說明：在《我為什麼去法國上哲學課？（實踐篇）》序中提及本書及其作者森博嗣的內容，包括引文、情節和觀點，皆取自本書譯文。

第1回、只要找路就行了嗎？

道を探しているだけで良いのか

衛星導航上消失的路

住在深山裡的我開車外出時，曾經發現平時走的路卻在衛星導航上消失了。一如往常行經這條路，但車子一開上大路，剛才經過的路就從螢幕上消失了。

也許是一條怪路吧。一停車就看得到，車子一開，路又不見了。八成是導航設定出了問題，也是因為我懶得看說明書調整，才會發生這種事。

有路可走真的很方便，路能親切地帶我們抵達目的地。「鋪設鐵軌」（意指做好準備）也是類似的譬喻，但這樣的說法不夠貼切完美。畢竟**決定好的將來讓人安心的**

同時，也有著無趣的一面。

不過，幾乎都是開車出門、極少搭電車的我，卻在自家庭園鋪設鐵道。規模雖說不大，但要比一般鐵道模型大上許多，可以供好幾個人乘坐，也可以載運重物，約莫是實體的四分之一到六分之一。這條鐵道是我一手打造出來的，避開樹木、沿著緩坡吟味而行，雖然尚未完成，但已經能行駛約三百公尺。

地上原本沒有路，我自己鋪設軌道。這雖是理所當然的事，卻讓我深感是個重大發現。

我打造的這條鐵道既沒有出現在衛星導航中，Google 地圖上也找不到。

拚命找「路」，反而錯失眼前的機會

總是煩惱自己一事無成的人，絕大部分的時間都在找「路」，想著有沒有讓自己順遂如願的方法，深信成功人士一定曉得什麼不為人知的祕訣。但我對於這樣的想法頗不以為然。雖然一旦成功，代表有路可走，卻不代表任何人走這條路都能成功。書籍雜誌上寫的 Know-how 只能用來參考，不表示靠那幾招你就一定成功。要說哪裡有問題，那就是「找路的態度」。**雖然積極是件好事，但「路」不是用找的，而是靠自己打造。**

總之，我寫的是比較概念、抽象的東西，應該有很多人聽不太懂吧。我很討厭具體事物，總是探求抽象的東西；但對於大多數人來說，要是說明得不夠具體，根本聽不進去。

好比問說：「想從事什麼樣的工作？」一般人都會回答既有的職業種類，或是自己認識的人從事的工作，不然就是大家都很嚮往的工作。

這世上能夠成為人生勝利組的有錢人，多半是從事前所未見的工作，也就是發想並實行誰也沒做過的事，可說是展現了開創新路的拓荒者精神。

都市裡的路多如牛毛，我們不會走沒路的地方，這是因為都市都已經幫大家「準備好了」。電玩遊戲也是如此，只能選擇創作者設定好的路。在那樣的世界裡，都幫人們設置了祕道、特惠情報等等，而且這些情報具有價值，可以賣錢。

人們覺得花錢買這些情報沒什麼損失，也許在都市和電玩裡確實如此。不過，請仔細瞧瞧現實世界吧。這個世界裡還有好多、好多並非如都市般便利的地方，也不可能像電玩一樣幫你設好路徑。況且有時拚命找「路」，反而可能錯失眼前的機會。

我家庭園的鐵道，每天都會啟動運行。

我是何方神聖？

一開始就寫些自以為是的看法。是的，我這個人就是白目。其實不是我白目，而是因為看得太清楚，所以天生反骨。

直到四十七歲那年，我一直任教於某國立大學工學院，從事研究與教學。三十八歲突然嘗試寫小說，從此成了別人口中的小說家。雖然年收入一下子多了二十倍，但因為還是很享受研究工作，所以沒辭去教職；只是隨著年歲漸長，會議增加了，無趣的工作也愈來愈多。因為已經存了一輩子夠用的錢，所以決定離開大學，也婉拒出版社的小說邀稿，過著所謂的隱居生活。就這樣過了五十歲，寫了這本書。

第2回、活著就是一種未知

情報とは何か？

培養對於情報敏感的體質

所謂的情報，是一種活生生的東西。自己蒐集來的情報才是活的，別人告訴你的情報幾乎是死的，這樣想就對了。一般人則認為，即便情報是死的，只要夠新、也堪用，大概就足夠了。

有些事在別的國家被視為理所當然，在日本卻令人匪夷所思，好比國外的肉攤會賣活雞，死雞反而沒人買，因為當地人認為現宰的雞才新鮮。同樣地，情報在被腦子吸收的瞬間，或是吸收之前就已經被殺死了、固化了，不會有任何改變，所以透過他人得到的情報是死的。

此外，也常有無法取得情報的狀況，好比天災降臨時，情報便很難順暢地傳遞。一旦發生大地震，往往會一時半刻毫無音訊，不曉得現況如何。由此可知，「情報斷絕」這件事本身就是很重要的情報；接收不到應取得的情報，可不是無關緊要。

相反地，有些無聊、誇大的情報（而且反覆得有點過頭），往往不是什麼重要的事，只是想藉機炒作，讓某些人牟取利益罷了，不必隨之起舞。「這東西馬上就要賣光了，想買趁現在！」像這樣的情報絕對是一種宣傳手法，輕易相信的結果，就只是花錢當冤大頭。

明白這些之後就能理解，**所謂培養對於情報敏感的體質，並不是一味地吸收大量情報，而是懂得過濾情報。**

人無法一直固定於某種型態

不少年輕人的煩惱就是想盡早弄清楚：「自己到底是個什麼咖？」這可以說是一種自我「情報化」的傾向，和「想要活出自我」的道理一樣，是希望確立自己的存在

我常騎腳踏車經過的小路，並沒有鋪設柏油。

感。一旦確立，就會覺得很有自信，也就是憧憬著「不會輕易動搖」的事物。

我也是這樣，直到四十歲都在追求極簡生活，極力排除無謂的事物。但後來我發現，這麼做是不對的。

人只要活著，就不可能變得單純，因為人無法一直固定於某種型態。就像我們很難一直喜歡某個東西，不但興趣會改變，生活方式也會不同，就連自己的未來遠景也無法確定。我到現在還是過得很悠閒隨興，卻一點也不覺得這樣生活有什麼不好。

人只有在去了另一個世界時，才會成為情報、不再改變；只有在嚥下最後一口氣時，才能確定這是一個什麼樣的人。無論是誰，只要死了就定了型，絕對不會改變。

也就是說，活著就是一種「未知」。

人都會想要追求生存之道、探尋人生之路。然而，當你覺得自己真的找到時，也就是瀕死之際；再也無法活下去時，才會體悟到：「原來這就是我的生存之道啊！」換言之，揮別人世的那一刻，才能第一次完整地看到自己走過來的這條路，因為沒了前方，路也已經定了。

成為懂得「傾聽未知」的人

又要聊些比較抽象的話題。一般人比較能理解具體的事物，而抽象的話題只有能將事物抽象化、或是懂得將這些內容活用於人生的人才會理解，也就是懂得「傾聽」的人。

要往哪個方向走，關鍵就在於是否擁有這樣的「傾聽力」，而且對情報保持高度敏感。懂得主動搜尋對自己有益的事物，這樣的人往往能活用「傾聽力」，找到屬於自己的路。反觀不懂得這麼做的人，早早就想找一張「能夠引導自己前行的地圖」。

人生是光明還是昏暗，端看能否找到屬於自己的路、能否傾聽「未知」，而且將各種有利條件活用在自己身上。順道一提，其實我不太喜歡用「明暗」這說法來區別人生好壞，因為我還挺喜歡不必太明亮的低調人生。

話說回來，許多情報都是死的，無法直接活用，只是某種提示罷了。所以只有靠人類獨具的「想像力」，才能讓情報起死回生。

第3回、什麼是無所不能的祕訣？

万能の秘訣を教えよう

面對任何事都提不起勁

總覺得提不起勁，眼前又有非做不可的事，結果就選擇逃避了。其實不少人都有過這樣的經驗，尤其是年少輕狂時。有人會煩惱自己是不是生病了，才讓這種沒勁的情況逐漸惡化，但或許應該先認清這並不奇怪，而是一種任誰都會有的「人性基本傾向」。無論多麼偉大的人，難免都有這樣的時候，就連一國元首有時也會意興闌珊、很想逃避，只是回復的速度因人而異。

要想脫離這種「提不起勁」的狀態，方法其實挺簡單的。我認為許多人會認知錯誤、一再失敗，是因為深信「拿出幹勁」是唯一的解決之道。

有很多書都會強調「幹勁很重要」，師長或前輩往往也會說氣話地斥責：「不想做就別做啊！」但我不認為這樣是對的。

比起拿出幹勁，實際上還有更簡單的做法。更何況，硬是要單純率直的年輕人振作起來也很難吧，這就和要他們努力「喜歡工作」是一樣的道理。不過，無論你喜不喜歡工作，還是可以工作；就算你提不起勁，還是可以做，這是我的看法。單純地轉換念頭，便能解決眼前困境。沒錯，不必管有沒有幹勁，試著去做就對了，如何？

做就對了，沒有第二條路

不少人會對於自己「無論什麼都做不好」十分沮喪，也有人找我懇談這個煩惱。但是我一問當事者：「那麼，你都做了哪些事？」回答的事項還真少，通常只有一件，不然頂多就兩、三件。問題是，只憑做了這兩、三件事，就能下結論說自己「什麼都做不好」嗎？要是有時間煩惱自己做不好這幾件事，能做的事應該更多才是。既然要證明自己「什麼都做不好」，那就應該什麼都做做看。

畢竟誰都不想聽人說教或批評，所以這種事還是別說得太直接，只能用比較抽象的說詞提點一下。問題是，對方不見得能聽懂抽象的說詞。也就是說，笨蛋只會將所有人視為笨蛋，聰明的人則是以笨蛋作為借鏡、自我警惕，而變得更聰明，這就是兩者之間的差異吧。總之，人生就是這麼回事，儘管總說自己沒救了，但只有自己能救自己。無論什麼樣的狀況、什麼樣的煩惱，適用於任何人的建議只有一個，那就是「做就對了」。

總之，放手去做就對了，沒有第二條路，無論是現在必須面對的事、還是不想做的事。**沒必要硬逼著自己拿出幹勁，就算討厭也沒關係、哭著也沒關係，只要動手去做，就能乾乾脆脆地解決，也會漸漸萌生幹勁。**

養成習慣，一點一滴地進行

這是會動手做東西的人才明白的事。哪怕事情有多麼困難、多麼麻煩，只要一點一滴地進行，必然有完成的一天。有人會獨立蓋出一棟房子，有人會親手打造一輛汽車，也有人會創作音樂、畫畫，甚至寫小說，任誰都有創作能力。要說每個人的能力

庭園已經成了一片雪景。
即使外頭是零下好幾度，我還是會出去閒晃。

有何差別，就只是速度快慢吧。幾乎沒有人能以九秒跑完一百公尺，只有飛毛腿才辦得到；但一般人多花個幾秒，照樣能夠跑完。說得更直接一些，大多數人只是不想花這種時間，覺得自己沒有這樣的才能，所以才不跑吧。其實只要試著跑跑看，凡人也會成為飛毛腿傳奇。

我正在製造新的火車，用車床削金屬、用電鑽打洞，再進行組裝，要花好幾天才能完成一個零件。以好幾百個零件來計算，勢必得花上幾年才會完成。雖然這樣的生活方式好像有點奇怪，但我每天都在做，因為要是今天不做，明天八成會後悔吧。當然，想要喘口氣、休息一下的時候，我會寫小說，大概兩個禮拜就能寫完一部長篇小說。

幸運與才華無法讓人一蹴可幾，想要達到成功，只能每天一步步前進。

第4回、因為從容，才有品質

時間の第一法則

時間，當然是愈多愈好

想把工作做好，擁有充裕的時間最重要。雖然有人認為短期內集中精神做事更有效率，卻也證明這件工作其實沒那麼重要。只要回首過往便能明白，無論什麼樣的豐功偉業、如何縝密細膩的計畫，都是一步一腳印、日積月累，有時還必須集眾人之力合作完成。想想金字塔就知道了，它可沒有留下什麼限時完成之類的歷史紀錄。

當然，凡事還是盡早著手進行比較好，別想著熬夜做完，而是要從容善用時間。無法按照計畫進行的工作環境就是有問題，顯示上頭負責的人做事缺乏效率。

不過，也會有例外的狀況。很多工作往往是來自上司的命令，而非出於自發性，所以被指派的當下可能就很急迫了。明知是對方的錯，卻無法批評、也不敢抱怨，這時除了盡力完成，只有安慰自己：「情況如此倉卒，也只能做到這個程度了。」

最麻煩的路，才是最不會失敗的路

世人總認為「只要努力就會有回報」，幼稚園或小學老師八成都是這麼鼓勵、安慰孩子吧。那麼小的孩子努力往前跑，就是個好孩子。問題是，長大後並非只要是好孩子，做任何事都能被接受。好比製作美味料理的廚師，不管如何認真努力、徹夜製作、嘔心瀝血，甚至面臨妻子罹癌住院的殘酷事實；無論有多麼冠冕堂皇的理由、使用多麼珍貴高檔的食材，只要做出來的料理不夠美味、吸引人，就會前功盡棄。結果決定一切，這就是專業世界必須面對的評價。

所以，**花費時間絕對不是什麼偉大的事，只是花點時間比較能做出好東西**。

真正的專家絕對不會追求什麼一次決勝負，也不期待偶然做出好東西。縱使任誰都會的簡單方法有時麻煩地像在繞遠路，他們也會採取這樣的做法，因為他們明白，

我的工作室一景，鍵盤四周擺著一堆玩具。

第5回、投資時間的方法

時間の作り方

再也沒有什麼比時間更珍貴了

雖說「時間就是金錢」，但我不這麼認為，因為時間遠比金錢珍貴多了。錢再賺就有，時間可是從老天爺給你的那一刻起，就不斷遞減。無論你是善用或浪費，時間只會減少，不會增加。不過，時間也並非「不受控制」，雖然容易讓人覺得無能為力，但某種程度還是可以「籌謀、安排」。

其實很簡單，就是盡量不浪費時間。任誰都知道這種事用嘴巴說說很容易，就連成天慵懶度日的人也會自覺：「啊啊……我這是在虛擲光陰啊！」明知如此，卻還是百無聊賴地過日子。

一旦面對實在不想做的事，便很容易發懶放空、虛度光陰。相反地，要是有件無論如何都想做的事，怎麼樣都會擠出時間、努力完成，而且並非刻意努力，而是自然變得積極，甚至廢寢忘食。

不少人習慣熬夜工作、讀書，但往往不是搞壞身體，就是補眠後反而精神更差。努力過頭、健康亮紅燈、整天昏睡，加總起來的結果就是浪費時間，而這個「加總後的結果」就是重點所在。**與其勉強自己發揮瞬間爆發力，不如將眼光放遠，選擇不會無謂浪費時間的路**。

違反自我意志的時間，就是浪費掉的時間

一言以蔽之，違反自我意志的時間，就是「浪費」掉的時間。好比為了打發時間看些無聊的電視節目，或是和根本不想理睬的人講了好久電話，硬是被別人拖去小酌一番等，事後想想就會覺得「根本是在浪費時間」。隨著經驗的累積，當下就能立刻判斷這些事是浪費時間，只是有時候真的很難拒絕。有人會給自己找藉口：「我就是

意志薄弱。」但我覺得會這麼說的人，其實自我意志很強。畢竟這原本就不是意志問題，而是關乎個人想法、生存之道，也就是「自我的生活方針」。而且啊，也別將自己的意志薄弱，歸咎於「體弱多病」。

沒錯，不少人都會拿「體弱多病」當藉口，那麼何不反過來想，正因為自己體弱多病，才更要深思熟慮、配合自己的身體狀況來訂立計畫，不是嗎？

比方說，要是不和朋友閒嗑牙、喝酒、看電視，絕大部分的人都會擁有更多時間吧。我老早就戒掉這三件事了，為什麼呢？因為我身體狀況不太好，只能以比一般人更從容的步調來工作，所以我不做無謂的事，盡量擠出時間。

如此一來，便能利用擠出來的時間，做些其他事，從中獲得更多。

希望大家都能明白，投資時間遠比投資金錢更划算。

過著足不出戶的繭居生活

我最近幾乎過著足不出戶的繭居生活。我喜歡開車兜風，興致來的時候就會開車出門晃晃，但並沒有特地要去哪裡。想買什麼，都是用網購解決，就連和朋友聯絡也

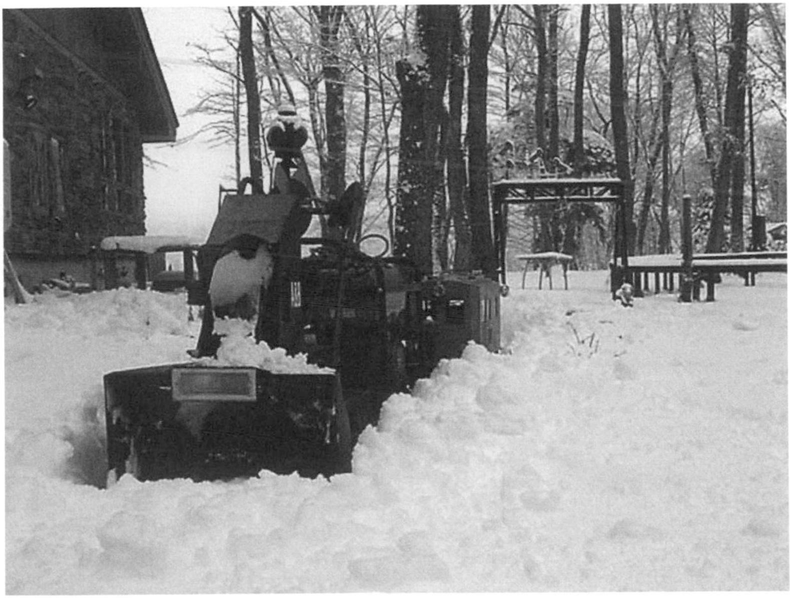

我親手製造的除雪車登場，
正在清除鐵道上的積雪。
想再深入了解的人，
請鍵入關鍵字「rotary 除雪車」，上網檢索。

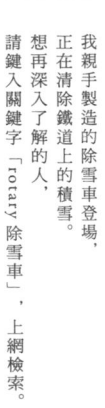

是透過網路，所以我幾乎不去人潮聚集的地方，也不逛街、和別人閒聊。如此一來，這些時間都是屬於我的，可以用在自己喜歡的事物上。

儘管如此，想做的事情還是好多，愉快地想著做完這件事，就能接著做那件事。樂趣就是這麼一回事，愈是快樂，就會發想愈多快樂的事，享受有如堆雪人般，愈堆愈高的感覺。

我寫這篇文章是在二月，之所以會聊到堆雪人，是因為最近積雪，庭園成了一片白茫茫的雪景。即使新年也不回家的孩子們竟然休假回來，除了挖雪洞、堆雪人，還做了以雪橇滑行的斜坡道，連愛犬都很開心地奔來跑去。雖然氣溫降到零下十度，但幾乎每天都是暖和的晴天。野鳥紛紛飛來，松鼠也四處奔跑。

為了享受愉快的玩雪日，我破例在新年和例假日也工作，提前完成一定的份量。反正時間是自己的。

第6回、就是一步步前進

一歩ずつしか進めない

兔子真的輸給烏龜嗎？

我小時候讀的繪本，就是《伊索寓言》之類的經典作品，主角清一色是動物，都有著「醒世教喻」。雖然《伊索寓言》刻意以故事手法呈現，並且配上插畫，但若是能從中學到什麼教訓，不也很好嗎？小時候是這麼想。

但是，我總覺得在「龜兔賽跑」裡自信滿滿接受兔子挑戰的烏龜很怪。為什麼牠能預知兔子會中途睡覺？所以說，烏龜一開始就有自信能贏兔子囉？還有在日本民間童話「猿蟹合戰」中，受傷骨折的螃蟹拄著枴杖，可是螃蟹沒有骨頭啊！這樣說起來，「螞蟻與蟋蟀」的故事就合理多了。蟋蟀的生存方式有其道理，螞蟻的博愛也令人感佩，正因為這樣的互動才能造就社會啊！這故事寓意深遠。

雖然腳程慢的烏龜根本贏不了兔子，烏龜的腳踏實地卻促使牠們有了競爭的可能性。現實中，並非所有工作都能直接反映實力的差異，人們總會想些誰都做得到的規則與手法，比較不得要領的人，還能靠加班補救一番。也就是說，工作這項「競爭」沒有時限、也沒有評判，就算偷偷作弊也不會被斥責，更不會因為向別人求助而被指控違反規定。無論使用什麼手法，只要能抵達終點、做出結果就行了。

不過，最簡單的手法莫過於腳踏實地，照著自己的步調前進。這倒不是說烏龜的方法多麼出色，而是無論採用兔子或烏龜的方法，反正結果都一樣。

做不到並非能力不足，而是「嫌麻煩」

雖然一步步前進的手法看似不夠華麗精彩，卻會化不可能為可能。這是非常厲害的事，讓人眼睛一亮也是理所當然，但這只是因為與最初的觀察不同，感覺有如逆轉勝罷了。因此，世上沒有做不到的事，只要一點一滴地做、一步步前進，任誰都會化

這是從書房望見的風景。
外頭積雪約三十公分，那個像是小屋的東西，
就是庭園鐵道的車站。

不可能為可能。

人常會覺得自己無法做到的主要原因，並非能力不足，而是「嫌麻煩」的心態。但就算看不見立即成效，只要一點一滴地做，就能打造出不嫌麻煩的自己，這就是一種自我改變，也是很棒的事，遠比工作成果更有價值。而在累積這種自我變化的過程中，便會孕育出自己一定能做到的「自信」。

做什麼都好，只要每天持續地做，就能不時觀察到自己的改變，確實體會到每天萌生的小小自信。並非要是多麼了不起的事，即便是每天慢跑、每天灑掃庭園、每天閱讀，都能有所改變，真切感受到「原來自己也可以這樣奔馳」。

工作不是全部，也不是人生的主要目的。工作不過是眾多道路中的一條路，不是什麼不可或缺的東西。我認為**享受自己的改變，才是活著的目的**。

那個總是推翻自己的我

我原本是個公務員，即將邁入四十歲時，想著來寫個小說吧，就動筆寫了。在此之前，我從沒寫過小說，也不是基於興趣而寫，更何況我幾乎不看小說。即使如此，我還是試著寫了，拿給家人看，誰也不感興趣，結果投稿到出版社，半年後成為作家。

那麼，我從沒想過成為作家嗎？倒也不盡然。我之所以動筆創作，就是為了成為作家，把它當成一種工作。我不是創作自己想寫的東西，而是寫些別人想讀（可以想像）的東西，所以我是有計畫地朝作家之路邁進。雖然有些人會說：「我連作夢都沒想過。」但這是謙遜的說法，其實大家都是經過思考，認真努力地付諸實行。好好考慮自己想做什麼，從馬上可以著手的事開始，一步步前進吧！

現在的我辭掉公家飯碗，也幾乎從文壇引退，只做些自己喜歡的事。因為想這麼做，所以一路努力走來。有時別人會對我說：「你真是幸運啊！」其實我不曾受惠於誰，也沒有得到神的眷顧，一切憑藉自己的努力，這比中樂透簡單多了。

我只是個敢常常推翻自己的人罷了，即使到了四十歲，還是想要「成為作家」。其實只要稍微否定、推翻一下自己，就能看到綿延不絕的新道路。

第7回、每一條路都不一樣

それぞれに違う道

是要走大路，還是抄捷徑？

有時會在路邊看到這樣的看板——「私人土地，無法通行」。這條路是真的不能走？還是其實可以走，只是不能這麼做，究竟是哪一種意思呢？我想應該是後者吧。要是前者，只要寫「此路不通」就行了，不是更有效嗎？明明是「不能這麼做」，卻說成「無法這麼做」，實在有點莫名其妙。好比學校老師明明要告誡學生「不能在走廊上奔跑」，卻說成「走廊上不能奔跑」，大家覺得這樣的文法合理嗎？

知道哪一條路是捷徑的人，會有種「賺到」的感覺。眼看大路塞車，所以拐進旁邊小巷，只是為了避開前方的紅綠燈，超越幾輛車，而刻意繞遠路。

這樣的人無論面對工作或人生，往往無法果斷決定任何事。因為他們無法理解，為何只能和大家一起走直通目標的大路。

當然，這種事端看個人選擇，重要的是每個人都能選擇自己想走的路。若是這樣，社會就太平了，大家都能活得自由自在，也就是烏托邦。

話雖如此，現實卻很難這樣隨心所欲。現在還會提到「烏托邦」這字眼的人，大概就是森博嗣吧。不，其實我也沒自信說這種話。搞不好再過一兩年，這個社會才會變得烏托邦一點吧。

每個人都是獨一無二的存在

每個人都是獨一無二的存在，這明明是理所當然，大家卻沒有充分認知，希望自己和別人一樣。當然不一樣啊，也許很像，但絕對不可能一樣，而且這種差異就是人類的偉大之處。說到改變，再也沒有比人類更千變萬化的動物了。每個人的性格不同，能力也不一樣。

縱使遇到和自己相像的人，會出於本能覺得開心，但彼此絕對不一樣。人往往不是因為彼此相像而親密，反而是因為不同之處而合拍。

雖然人們常說趣味相投，其實與自己完全不同類型的人在一起更有趣，對於團隊來說也比較有利。畢竟每個人都是投手，根本打不了棒球；每個人都是主唱，也組不了樂團。正因為各有資質的人聚集起來，才能協力合作；正因為基於商業考量，由想法不同的人組成團隊更有效益。

所以要尊重與自己想法有別的人、理解不同意見，這不僅是人類的不凡之處，也有益於自己。懂得傾聽反對的聲音、向對手學習，就不會只憑個人喜好看待問題。

有些人一聽到別人的反駁，就會馬上發脾氣，這種情緒表現只能說是出於動物的本能，不能說是「人性」。這世上要是沒有與自己看法不同的意見，那就沒有聆聽的意義了。所以我們應該歡迎不同的意見，不是嗎？

老婆大人的教誨

我的文章開始在《CIRCUS》連載後，每個月都會收到這本雜誌，而雜誌的主要

一直處於結凍狀態的庭園水渠，
直到四月中旬，總算出水了。
超喜歡玩水的兩個傢伙（兩隻狗？）。

讀者是我家的老婆大人。順道一提，我之所以尊稱內人為「老婆大人」，純粹是我喜歡這麼稱呼。

「是你自己比較乖僻吧！」這是她讀過我文章的感想。稍稍詢問一下意見，她又回了一句：「是你自己認真過頭。」這番話讓我恍然大悟，隨即反省，做了些修改。

老婆大人是小說迷，比我還喜歡閱讀。基本上，我不看小說，我們也從沒看過同一本書。不只是看書，就連興趣也不一樣，因為我們不會聊這個話題，我也不太清楚她對什麼感興趣。

因為彼此的看法、思維完全不同，我們幾乎都是各自行動，偶爾才碰頭；不過有時見面聊天，總會讓我詫異原來有人是這麼想的啊，因而發現自己從沒思考過的觀點、從沒察覺到的情感。她能彌補我的不足，所以真的很感謝她。

總之，**每個人的想法、感受都不同，沒有哪件事是絕對正確，只是對當事人來說，這是一種暫時性的正確**。

自己要走的路，絕對和別人不一樣，所以勉強自己循著成功者走過的路前進，根本毫無意義。

第8回、路，決定於邁開步伐那一刻

道は入口が関門

決定要怎麼走，才是最困難的階段

應該不少人一早醒來，想到今天不得不做什麼時，便會忍不住嘆氣吧。大部分的人（尤其是年輕人）都有著「不得不做的事」，至少必須出門上班、上學等等。大家都認為工作、學業是「不得不接受的支配」。

不過，應該也有人會說「沒辦法，因為這是工作」而放棄抵抗吧。

我的第一份工作是在大學從事研究，這個職場沒有什麼員工規範，也沒有什麼必須做的事，沒有簽到簿，也沒有規定幾點上班，一直待在研究室也無所謂。反正只有我一個人，所以常常一整天都沒和任何人見面。

早上起床時，我想的是：「今天要做什麼呢？」不是什麼非做不可的事，而是做什麼都行。一切都是自我思考、自己訂立計畫，只有自己作業著、自己收拾工作。

雖然這樣的工作狀態非常「自由」，但相對地壓力也很大，所以要是聽到上司對我說：「這件事交給你來做吧！」就會不由得鬆了口氣。目標明確的工作，做起來心情比較篤定，因為只要做，就有進度；只要做，就有結束的一天，明確知道自己在做什麼。

相較於此，研究則是必須思考先怎麼著手比較好，也不曉得這麼做能否得到成果，就算明白會有成果，也不知道何時可以完成。

身處這樣的職場，開始著手一件工作是無比的幸運。發現問題、開始衝刺，就像作夢般欣喜，讓人不禁鼓起「好，可以工作囉！」的幹勁。

所謂的路，取決於你要如何邁開步伐的那一刻。一旦決定要去哪裡、要朝哪個方向走，不斷前進就對了。決定要怎麼走的階段，才是最困難的。

趁著五月黃金週來臨前，擴建露台。
因為接下來是訪客也跟著變多的ＢＢＱ時節。

工作怎麼可能不辛苦

如果你從事的是什麼都能確定的工作，可說是一條輕鬆的路，也許肉體方面很辛苦，但只要按部就班前進就行了。不過，這種工作很容易被機械取代。

人一旦被交辦必須自行決定怎麼做的工作，往往就會忍不住抱怨：「好歹要有個明確的方向啊！」甚至有人會生氣地說：「起碼要告訴人家怎麼做啊，交代得不清不楚！」其實這才是真正的工作。交由自己判斷的比例愈高，工作的等級愈高，也就是必須用到人腦的工作。

此外，如果是上級交辦的工作，交辦給你的這個人肯定比你厲害。為什麼呢？比起解決事情，找出問題的人更常用腦，能力也更強，才會在職場上「高人一等」。當然，也有那種盡是做些無謂瑣事的上司。

好比拍照，最重要的是決定拍攝主題、構圖等。一旦做了決定，說聲：「好！要拍囉！」按下快門，再來只要交給機器處理。也就是說，早在按下快門那一刻之前，拍照這件工作便結束了。其實，世上許多工作都是這樣。判斷何時要做什麼事的人，才是真正在工作的人。

絕大部分的路，在邁開步伐的那一刻就已經泰半抵定了。最關鍵的階段在於決定什麼時候，要走什麼樣的路。

不知反省的人

在上一篇文章，我提到「聽了老婆大人的意見後，隨即反省，做了些修改」，後來編輯給了我這樣的建議：「還請照舊，不要修改。」

老實說，森博嗣是個不知反省的人，總是我行我素，瞧不起反省一事。每次寫了心裡根本沒這麼想的事，才會反省（結果下次又寫了）。

其實我們都知道，一種米養百樣人，每個人都是獨立的存在，這是上一篇談論的主題。**無論走的是哪一條路，端看自己的選擇，而且決定後，除了踏實前進之外，別無他途。當然，要中途折返，還是走另一條路，也取決於自己。**

第9回、有什麼是人應該走的「路」嗎？

人が歩くべき道？

日本人最喜歡「道」這個字

記得小學時有一堂「道德課」，不知道現在還有嗎？我不太懂為什麼要用「道」這個字，翻開辭典，上頭則是寫著「人應該走的路」，完全不懂是什麼意思。也有人說：「咦？道德不就是規範嗎？」我總覺得不太一樣，但又好像差不多。

先把「什麼是道德」、「怎麼做才合乎道德」這些問題擱在一旁，要說為何必須有道德，大概是因為它就像形塑人類「品格」的知識技能吧，也就是稱為「道」的這條路。但要是這條路太過冠冕堂皇，年輕人就會想逃避。

我們從小被教導要敬老尊賢，但從沒被清楚告知是基於何種理由要這麼做。道德就是含有「這麼做，就無可非議」的標準，還有「不這麼做，可是會慘遭白眼」的脅迫之意。不過任誰走在道德這條路上，多少（而且是很輕易地）都有愉快經驗，所以不知不覺便以為道德就像零件般很容易買到，只要持續購買，便能實踐每一期推出的新道德，培養出正派人格。不過，「道德」這刊物只有創刊號才會特價，之後就沒有這種好事了。

自古以來，日本人就會構築各種領域的「道」，像是柔道、花道、書道等，這些傳統技藝不僅追求極致技巧，還非常重視禮節，藉此琢磨個人品格。相較於西方，日本文化的強項大概就是有著無法充分溝通的民族性，而這種曖昧的特質，反倒成為一股催生出美好事物的力量吧。

道德，不是只靠嘴巴說

我個人覺得道德指的是行為，但世人認知的道德卻是言語。

好比用溫柔話語鼓勵坐困愁城的人，大家認為這就是道德，默默捐錢救助他人的行為，卻往往得不到什麼評價，甚至被惡意攻訐只是想花錢了事。不難想像，比起溫柔話語，坐困愁城的人更需要的是錢吧。而且得到聲援後，頂多只能回應一句：「大家的鼓勵真的讓我很開心。」就像足球賽事也有「球迷的加油聲讓球隊逆轉勝」之類的報導，這麼說來，輸了就是因為球迷的加油聲不夠響亮囉！

總之，日本人很重視符合道德標準的話語，畢竟這是個不能講真話的社會，這就是稱為道德的玩意兒。

「新聞報導」的日文「報道」也有個「道」字，所以我常覺得新聞報導也應該講求格調。但近來的新聞報導卻成了發送現成情報、讓情報擴散出去的工具，功能根本和廣告相差無幾。或許這就是新聞從業人員自以為的格調吧，只能說勉強有舒緩精神的作用就是了。

要說什麼是精神，就是不顯現於外的「心」。我認為正因有心，才有作為「道」的存在價值。好比劍道，持劍者的心就是本質，所以光是求勝，並無法窮究其道。這也是同樣的道理，不是嗎？

我正窩在車庫裡，
製造電氣火車。
是那種尺寸稍微大一點，
裡頭可以坐人的車子。
這是預定推出的26號機。

沒有心的「道」，也是枉然

前面批評了時下的新聞報導，在此也寫寫個人的拙見吧。觀察網路世界後，我發現如今大多數人所認為的「情報」，只是一種「宣傳」罷了。也就是說，十之八九都是囫圇吞棗他人準備的情報，再依樣畫葫蘆地複製、貼上。其實，在網路世界剛興起時，都是由眾人公開自己調查、自己思考和自己創作出來的東西，所以有其價值。

換句話說，正因為有這些自己創造的事物，才有所謂的「道」。要是沒有秉持這種精神，光靠耍嘴皮子說些道德話，也是枉然；即便都是些識時務的人，也催生不出什麼。畢竟對整體社會來說，那些就算稍嫌缺德、卻有能力催生新事物的人，才能創造更大的價值吧。

好了，換個話題，最近我將全副心神都投注在整理庭園，光是除草、整理草坪、灑水、拔雜草等瑣事，就得耗上八個鐘頭左右。我會趁休息空檔帶愛犬去散步、稍微玩一下，工作也一點一滴持續進行。有時，我也會將搖筆桿的工作當成每天的樂趣。不過，聊這種事好像和道德無關喔？

第10回、路是相連的

道はつながっている

開車兜風，與世界相連

我喜歡開車，從十八歲起便與車子結下不解之緣。通勤搭車，出門遊玩搭車，和老婆大人都是在車上聊天，就連我家的狗兒們也很喜歡坐車。

初次開車時，覺得只要有這東西就可以到日本各地，想去哪兒就去哪兒；也就是說，這種期待是建立在「路是相連的」這個前提上。光是想到「綿延的路」，便讓人興奮不已。

實際上，我曾開車去四國、九州和北海道玩，還曾經同時擁有六部車。那時承載量最大的車子是 Mini Copper（寶馬迷你）·，大學時開的是本田 Beat，出遠門時開的則是空冷引擎的 Porsche 911，無論 Beat 或 Porsche 都是雙人座。總之，我偏愛小車，現在還打算買一輛輕型車。不知為何，我對大車或家庭房車就是沒興趣。

以往的年輕人（我們這個世代）十分憧憬車子這玩意兒，現在的年輕人就不一樣了。比起車子，他們更想要有間整潔美麗的住居，能在家裡做菜、招待朋友、開趴、玩線上遊戲、看影片。房子可是比車子昂貴多了，足見現代都會生活有多麼方便、寬裕。

不過，我覺得一個人要是沒自己開過車，也是一種小小的不幸吧。飛機、火箭也是，會駕駛的人比不會駕駛的人幸福多了。

路的相連，也代表著「可能性」

如果要以一句話來表現「路是相連的」，那就是「可能性」。人可以時時期待可能性，其實「活著」這件事的價值也存在著可能性。

我從初春開始，就埋首整理草坪，
每天悉心照料。
因為家裡有兩隻牧羊犬，只缺羊。

鐵路是相連的，電話線是相連的，光導纖維也是相連的；只要能相連，在那個範圍內就有與「任何人」，在「任何時間」、「任何地點」相連的可能性。

無論什麼樣的相連，這些都是地理性的事物，也就是空間性的相連，但無法保證就歷史性或時間性來說也是相連的。可能有從未相連過的事物，也可能有永遠會相連的事物。當然，也有像「新幹線即將進站」這樣「預定」的未來，這是一種對於未來可能性的期待。縱使如此，因為現在並未相連，所以還沒達到「隨時都能相連」這般自由的境界。

雖然這種事多少需要想像力，但不妨試著思索並非關乎空間，而是時間的這條路吧，因為應該有超越時間而相連的東西。

我們必須靠自己連結自己的過去與未來，就像昨天的經歷會成為明天的事件，盡量相連起來。若非如此，便會覺得每天只是在浪費時間。想讓人生活得有意義，這樣的欲求可說是在面對「屬於自己的時間」這條路時，所懷抱的憧憬。

我們要追求的將來，就是能大聲說出年輕時的某種體驗成了人生的養分。我想，年輕人應該會本能地感受到這一點，要是感受不到的人，精神可說是十分安定，而且是彷彿死去般的安定。

擁有可能性，就會催生出自由

要說可能性會催生什麼，那就是「自由」。只要擁有許多可能性，便能催生出選擇的自由。倘若連一條路都沒有，不但缺乏可能性，也無法自由選擇。

我認為自由就是按照自己的想法行動，得到意料中的結果，所以光有可能性，並非是自由；但要是沒有可能性，什麼也無法開始。

想要憑一己之力開拓人生道路，必須先思考。雖然思考不是「行動」，但不思考便無法催生可能性，亦即不思考的人，毫無自由可言。

應該有人對於我每次都寫這麼抽象的事，頗感厭煩吧。那麼，我都是什麼時候進行這種抽象的思考呢？大多是趁著拔除草坪上的雜草、用轉盤削金屬……這些極為具體的作業空檔。

不過，我倒不是為了思考而做些園藝雜事和工作，只是一回神，結果就變成這樣了。除了發現時間之路的連結，也瞬間感受到「人生」。

第11回、擁有工具的心情

道具の心持ち

工具對我來說，就是玩具

我小時候從沒買過玩具，倒是買了不少工具，這好像是家母的教育方針。所以工具對我來說，就是玩具。

這般認知始終深植我心，也就不斷購買新工具。姑且不論能否用到，總之就是想買來玩玩看，反正到時再想想怎麼用就行了。這樣雖有點本末倒置，但我不在乎。

總覺得只要工具在手，彷彿就會打開一條通往某個目標的路，就會增添什麼新能力。工具就是給人這種感覺，這莫非是我的錯覺嗎？

當然，實際上沒那麼簡單，但工具的確很「便利」。應該說，並非只要有工具，就足以化不可能為可能，頂多只是節省時間；不過擁有新工具，確實會讓人湧起一股「幹勁」。但要是認為光憑幹勁便能解決事情，可就大錯特錯。

工具也給人一種「被使用」的負面印象，好比「我只是個工具罷了」這句話，就是指被別人當作達成目的後，便能隨手一扔的棋子。同樣地，「我不過是個玩具」這句話也給人負面印象，亦即被別人玩弄，並未真心對待。我是很珍惜工具和玩具的人，認為不論是「工具人」或「玩具人」，對於整體社會來說，都是不可或缺的存在，也為了這兩句話無法用在正面意義上，深表遺憾。

工具開啟了「想做些什麼」的契機

不知為何，我每次拿起工具時，就覺得很興奮。縱使自己彷彿有了新能力的感覺只是一種幻想，但至少我想使用工具，工具也成了我想做些什麼的契機，並因此得到成果。光是思索要用這東西做什麼，便能看見自己的可能性。即便沒有工具，看得見這種可能性就是好事，畢竟平時要有此聯想並不容易。只要有工具這個具體的東西，便能看見通往可能性的路，這種情形屢見不鮮。

順道一提，玩具也是以想像力來使用的工具。孩子往往能把手上的玩具想像成某種東西，好比虛擬實境，但長大後之所以不想玩玩具，是因為缺乏想像力。

也或許是成為大人後，為了描繪更具體的夢想，需要的不是玩具，而是工具。

工具在職場上也很重要。雖然講究工具的人，難免會被視為「挑剔」之人，但講究工具絕對不是什麼壞事。工具也可以改變人生，至少買工具的期待值比買樂透來得高。我認為偶爾追求高價一點的東西也無妨，畢竟精美的工具不僅功能性強，也有讓使用者挺直背脊的效果。

享受使用工具的樂趣

比方說，我想要是我沒遇見電腦，可能就不會從事寫作。話說回來，當初我開始想寫小說時，就先去家具店買了一張椅子。因為是不便宜的椅子，老婆大人還不屑地抱怨：「誰叫你是個工具狂。」畢竟那時買這張椅子，可是森家史無前例的大手筆投資。不如這麼說吧，感覺其他投資都是以失敗收場，但只要有一項成功就能回本，所

電氣火車完成後，
每天享受它在庭園裡行駛的樂趣。
這地方就算是夏天，氣溫也不超過二十五度，
十分舒適。

以還是有放手一搏的價值。

我不知道已經在工具上注入多少投資，好比老虎鉗，我手邊應該有五十把左右，螺絲起子起碼也有上百把，最貴的工具應該是車床吧。去年買了第二台銑刀，擺在車庫裡，因為重達近二百公斤，為了裝置這個設備，我還買了一套懸吊工具。我用車床與銑刀做了許多東西，但其實委託專業師傅製作，遠比購買這些工具便宜多了，根本回不了本。我之所以自己動手做東西，不是貪求便宜，而是花錢享受一種經驗。

工具這東西，不僅便利、功能性強，還能享受使用的樂趣，著實與玩具沒兩樣。

第12回、思考有各種條理

思考の道筋

頭腦是材料，還是工具？

上一篇聊的是工具，我們使用材料與工具製作東西。所謂材料，就是改變製作物品模樣的物質，而且因為製作行為被消費。工具屬於消耗品，但自身形體不會改變，也不會被消費，而是用來援助製作。由此可見，一樣是「使用」，意思卻不同。

「好的工具，能夠鼓舞人心」，這裡的「人心」是指人的腦子。不曉得「心情」或「幹勁」這種東西存在於身體何處，如果有的話，那就是在腦中吧，也就是用腦子思考。

我們常說：「用點腦子吧！」或是「多動腦啊！」當然不是要你用腦子打上釘子這種物理性的意思，只是純粹將「思考」換個說法。其實簡短說句「想想吧！」不就得了嗎？我想，大概是想強調「思考」這件事需要「花工夫」吧。那麼，「花工夫」指的又是什麼呢？我想就是「再好好思考」。要是換個說法，像是「多考慮一下吧！」「別輕易下決定。」應該也是一樣。

「思考」這行為本來就不好理解，既無法顯於外，也不容易用言語表達，更難以說明。大家從小就深為「思考」這件事而煩惱，不是嗎？總覺得「煩惱」與「思考」的感覺大同小異……

那麼，當我們說「用腦」時，究竟是將頭腦當作材料，還是當作工具使用？我想應該更近似工具吧。問題是，頭腦真的是工具嗎？

思考空間裡的道路未必相連

再稍微思考一下吧。「思考」有各種狀態，好比有時是漫無目的地空想，有時是為了考試、猜謎而集中心神思考。

夏天的庭園幾乎都有樹蔭遮蔽，也沒有蚊子。
喝下午茶的地方一片綠意。

就和計算問題時有條理可循一樣，只要勇往直前地思考，不但能靈光乍現，還能跳躍性地發想出完全不同的東西。

我想，應該不少人都有被老師斥責「給我專心一點！」的經驗吧，就算被要求專注思考，但根本不清楚到底要怎麼思考。

與其專注思考某個問題，不如將每個能運用的點子串連起來，以聯想方式更能找出答案。也就是如同「游擊戰」般，採取「擴散」式思考，而不是「集中」式思考。

世上有太多就算精心計算也無法解決的問題，再怎麼想破頭，還是得不到答案。這往往是陷入看不到路的窘境，只要跳脫現況，換個視角思考：「那是怎麼回事？」說不定就會瞬間超光速地發現一條新路。

雖然逐一解決問題的邏輯性思考也很重要，但絕對不是唯一的方式。從毫無關連的事物開始聯想，進而觸發靈感，導向成功之路，這樣的情況所在多有。只要有過類似經驗的人，相信一定會認同這個說法。

總之，思考空間裡的道路未必相連。當你在學校學習計算或數學時，便能體悟到這個道理。儘管老師說：「在這裡畫一條輔助線就解開了。」但也要有絕佳的「聯想力」，才能想出這條輔助線。

理科腦能寫小說嗎？

我是三十幾歲才開始寫小說，將第一部作品寄給出版社後，就不知不覺成了小說家。在此之前，我的工作多是用電腦寫程式，最擅長的學科是數學，最差的是國文。

我常被問起：「小說要怎麼寫呢？」我的回答則是：「只要將腦子裡思考的東西寫出來就行了。」不過我最近發現，這個「思考」因人而異。思考國語和社會的問題時，主要是想起自己記得的東西，或是依循法則而做出選擇的「思考」；破解數學問題時的「思考」，則是先「發現」，再來「計算」。計算和國語一樣，都是我不擅長的能力。

創作小說是將發想化為文字的行為。我曾經被說過：「明明是理科腦，能寫小說嗎？」但對我而言，寫小說和解數學用的是「同樣的腦子」。

只憑做了兩、三件事，
就能下結論說自己「什麼都做不好」嗎？
既然要證明自己「什麼都做不好」，
那就應該什麼都做做看。

／

常會覺得自己無法做到的主要原因，
並非能力不足，而是「嫌麻煩」的心態。
但就算看不見立即成效，只要一點一滴地做，
就能打造出不嫌麻煩的自己，
這就是一種自我改變，
也會孕育出自己一定能做到的「自信」。

第13回、人生的岔路

人生の道草

走了好長一段岔路

上一篇（第12回）是四年前的夏天寫的，後來決定下一篇連載要寫「岔路」這題目，準備動筆時，卻得知雜誌要停刊的消息。「這下子就不用寫了，太好了。」我清楚記得自己那時還鬆了口氣。

後來我又繼續寫這個連載了。在我的作家生涯中從沒遇過這種情形，著實走了一段好長的岔路。

這四年之間，我又搬了一次家。我超喜歡搬家，旅行的話嘛，不是很喜歡，因為我是那種想去很遠的地方，卻不想回來的人。

我還是遷居鄉下，而且幾乎不去都市，自己在森林裡鋪設小型鐵道，自娛一番。我不搭乘一般電車，也不搭公車，只喜歡自己開車，反正衛星導航很方便，去哪兒都不成問題。車子到不了的地方，可以搭飛機，反正天空也有路，這世界到處都是路。

我思索這四年來周遭有何改變，感覺世間沒有太大變化，頂多就是智慧型手機十分風行吧。至於我自己的狀況，就是打造了一輛以噴射引擎發動的火車，還造了一輛單軌陀螺車，不然就是用空拍機拍些東西。除了老婆大人氣喘發作，緊急叫救護車送醫，並沒有遭逢什麼嚴重的不幸。

寫作方面的工作也是一如往常，小說改拍成連續劇和動畫，版稅收入增加不少，電子書也開賣了，人生很幸運。

偶爾拐個彎也不錯

朝向目的前進時，要是拐進岔路，或者被別的事物吸引，往往只是浪費時間和心力，還是盡量避免比較好。但有時拐進岔路，反而能汲取新情報，或是跳脫框架、發想出更有效率的方法，所以「拐個彎」不見得不好。

重要的是，得清楚地意識到「自己正拐進岔路」。只要內心多少有些顧慮，別太大意就行了。而且會心存某種預感，相信自己能從中獲得什麼。

所謂預感，就是「總覺得好像會怎麼樣」，而之所以這麼想的理由就存在於自己心中。以我為例，我的預感幾乎都會實現，當我心想「總覺得好像會怎麼樣」，就會感受到那樣的效果，這就是一大證明。

開始著手一件新事物時，如果內心「總覺得其中有著能讓自己感興趣的東西」，大抵都會心想事成，愈做愈快樂。相反地，若是因為別人的建議，或者大家都這麼做，所以自己也跟著做，往往只會換來失望，而且期望愈高，失望愈大。再者，「來自別人的建議」通常很難切中自己的「預感」，這種事是可以觀察出來的。

身處網路社會的我們隨身帶著手機，大多數人都很在意別人的動向和作為。由衷希望大家想想，我們置身在這樣的環境中，「預感」這股能力是否也愈來愈衰退？**就像動物有野性，人類對自己感興趣的事物懷有好奇心也是與生俱來。「總覺得朝這條路走，應該比較有趣」，我們必須磨練這樣的直覺與感性。**如此一來，無論自己要走的是「大路」還是「岔路」，就某種意思來說，都能看到「一部分的路」。

行駛在「欠伸輕便」庭園鐵道上的30號機，是一輛噴射引擎火車。欲知詳細情形，請上網搜索影片。

想找尋自我，就要懂得忘卻自我

岔路其實充滿樂趣，往往走著走著便忘了時間，一回神才發現天色已暗。因為這是一段我們不在意周遭，完全投入某件事物的時間，所謂的樂趣就是如此。

很多人不明白自己到底是個什麼樣的人，也不知道要如何活得忠於自我。這種人肯定過於在意別人，喜歡和周遭比較吧。

其實了解自己並非難事，什麼都可以，找一件讓自己專注投入的事物就行了。好比觀測星象、繪畫，走走這樣的岔路又何妨。總之，想找尋自我，就要懂得「忘卻自我」。當你度過一段專注到忘我的時間，在鬆了一口氣的同時也能發現嶄新的自己。

第14回、未知的魅力

未知の魅力

穿越森林通行的鐵道

如同前述，我在自家庭園鋪設鐵道。雖然庭園幾乎是平地，森林卻占了大部分面積，有著上百棵高達三十公尺的大樹。就算想使用空拍機，也會碰撞到樹枝，所以空拍機能夠盤旋之處只有建築物的正上方。夏天因為枝葉茂盛，陽光幾乎照不到地面，高溫頂多二十五度左右。

我在這樣的地方，獨自默默鋪設鐵軌，雖然想讓鐵軌筆直延伸，無奈障礙物（主要是樹）較多，實在很難做到，只好盡量避免讓鐵軌來個急轉彎，打造一條能輕鬆眺望風景的鐵道。

雖說地勢平坦，但未經人工鋪設的地面難免凹凸不平，或是有個小陡坡之類的。一般鐵軌能容許的坡度百分比為百分之三以內，也就是說，若架設一公尺長的鐵軌，垂直上升高度是三公分。所以要登上三十公分高的地方，只能架設十公尺長的鐵軌。低窪處必須填土，較高處就得挖土，我就這樣進行著鋪設鐵軌的土木工程，一個人獨力拿著鐵鍬作業，再用單輪車運土（不是小孩子騎的那種單輪車，而是稱為「山貓」的台車）。

好比有時要搬運百噸的土，相當於用容載量四噸的卡車載運二十五次，如此大量的土，我也是一個人搬運。單輪車一次能載運二十公斤，所以五十次便能載運一噸的土，只要持續搬運一百天，就能載運百噸的土。

因為幹起活來非常快樂，絲毫不覺得辛苦，有時我還會詫異自己竟有這般能耐，既高興又驚訝。「啊……人類真是厲害啊！」我獨自感動萬分。從小體弱的我，現在的體力還是比不上一般人，縱使如此，只要一點一滴地做，總有完成的一天，真叫人開心。

起初庭園裡並沒有什麼路，但隨著鐵軌一段段連結起來，便成了一條路。只要鋪

單軌陀螺車的試作品9號機。
可能是難度頗高吧，
國際間關於這項技術的試作品並不多。

第15回、只有自己能走的路

道を歩くのは一人だけ

我們不是靠自己的力量來到世上

人是活在社會之中，也常常會告訴自己：「活著就不要給別人添麻煩。」應該不少人從小就被這樣教育吧。反之，給別人添麻煩的人就是壞人，會被貼上無用傢伙、麻煩製造機之類的標籤。

但請試著思考一下，我們並不是靠自己的力量來到這世上。在孩提時代，我們就不可能獨自活著。也就是說，從我們出生到長大成人，一路以來都會給某些人或社會添麻煩。

因此，「不添麻煩」是一句附帶著「至少你已經是個成熟大人」這項條件的話。即便是成熟的大人，還是會給周遭添麻煩吧，雖然有些人不這麼認為。好比警察維護治安、我們有水電可用，只要有錢就可以買想要的東西，這些都不是靠一己之力成就，而是來自他人給予的恩惠。就像我們要是生病了，也會得到周遭人們的照顧與關懷，不是嗎？

雖然有人常說在鄉下過著「自給自足的生活」，充其量只是自己張羅食物罷了。要是真的自給自足，應該無論衣物、水電、治安等，一切都是自給，不是嗎？生病了吃藥、看醫生，這樣稱不上自給自足。

所以，「獨自活著」根本就是不可能的事。但縱使如此，不管是誰，終究還是希望能自由自在地走著屬於自己的路。而想要如願，大概就要有某種程度的「妥協」。

所謂妥協就是相互體諒、退讓，畢竟不可能事事盡如人意。就像走在森林小徑，必須要有判斷這條路究竟通往何處的眼力與思考力，理想或許也會因為妥協而落實，使夢想化為現實。

稱為「羈絆」的幻想

「羈絆」一詞近來在日本受重視的程度著實有點誇張，甚至被謳歌成身為人的必備原則。看來這是對於核心家族、都會生活型態、個人主義當道的現今社會所表現的反抗，一時蔚為風潮。我認為**羈絆應該是為了自由而必須做出的妥協，並不是必須追求的方針和原則**。

說得明白些，只有自己能走在自己人生的這條路上。我們孤身來到世間，也會獨自離開，所以有沒有家人都毫無關係。若是以前的君王，也許會有家臣一起陪葬，但就算這麼做，君王也不見得高興，不過這可能只是現代人的看法吧。

我不要什麼喪禮，連墳墓也不必了。我的雙親已經去世，都沒有造墓，我不明白為什麼需要墳墓。

我從未想要主動結交朋友，也沒興趣和夥伴小酌幾杯，即便如此，偶爾還是有友人造訪我家。我雖然有親密好友，但都是以禮相待，不會隨口說些不得體的話，也從沒向朋友予取予求。

庭園鐵道的列車最多可承載三人，
但因為我家極少有訪客，
所以車上總是只有司機（我）一人。

夫妻關係也是如此。我的戀愛和結婚可說是一氣呵成，我家老婆大人的性子始終沒變，雖然我們已結褵三十四年，還是時有摩擦，意見完全不合，興趣也不一樣，所以鮮少一起做些什麼。我們在家裡幾乎不太碰面，也很少交談，但面對重要事情時，我們會尊重彼此，設法達成共識，盡量約束自己，給對方自由。

對這個社會而言，彼此尊重、給予他人自由，遠比建立羈絆來得重要。

只要有些變化，就時常充滿未知

從五月下旬開始，樹上便冒出新芽，我家庭園成了翠綠森林。陽光從葉縫灑落地面，光影時而蠢動。說是蠢動一點也不誇張，讓人感受到大自然的生命律動。

我一手打造的鐵道遊走在這片大自然中，我坐上火車，巡禮自家庭園，還可以見到松鼠和狐狸。最常見到的是鳥兒，而且依季節之分，還有不同種類。巡禮我家庭園一趟大概要花十五分鐘，雖然我幾乎每天都會巡上一次，卻絲毫不會厭倦。因為即使只有一條路，只要周遭有些變化，就時常充滿未知。

第16回、人類是自然的一部分

人間は自然の一部

人類在世上頂多存活幾十年

日文有句成語「海千山千」，意思是指龍據說原本是蛇，棲息在海裡、山裡千年後，成為了龍。雖然這是用來形容人生閱歷豐富的老者，但人類在世上頂多存活幾十年而已。

要問我喜歡海還是山，我可以肯定回答：「山。」我既不想住在海邊，也沒興趣看海，因為我討厭海風，也不愛吃海鮮，所以我選擇住在深山。

我國中時參加的是「漂鳥社」（Wandervogel），雖然這個社團的活動不限於登山健行，但大多是登山行程，只是比登山社輕鬆一點。爬山時，心情真的很好，這種感受大概只有登山者才能體會。不過，通往山頂的路多半只有一條，所以抵達山頂後，只能走同一條路下山。雖然這行為有點無趣，還是有很多人不顧危險，臣服於登山的魅力，我想就是因為很享受那種暢快的心情吧。

曾經有位英國女性登山家留下孩子與丈夫，挑戰攀登珠穆朗峰，不幸殞命。要是換成現在，她肯定會飽受拋家棄子的批評吧，但我覺得這位母親給了她的孩子非常偉大的生命教育，那就是身為人的尊嚴。這是人與生俱來就擁有的，也是其他動物無法模仿的行為。

要說我究竟想表達什麼，那就是人不可能存活千年，所以在這短暫人生中，找到自己要走的路，並勇於挑戰的姿態令人尊敬。只會看別人的臉色過活，永遠也找不到屬於自己的路。況且人不行走，路就會被草木覆沒，過不了多久便消失了。

健康是我們活著的目的嗎？

年輕人摸索人生，對一切都抱持著興趣，描繪著夢想。即便覺得不太可能，也想

庭園裡的森林。
我正汗流浹背地進行鐵道建造工程，
（其實很涼快，根本出不了什麼汗）。

朝喜歡的方向前進，懷有這般憧憬是很美好的事。

另一方面，近來人口老化嚴重，人的壽命比往昔延長許多，「健康」於是成了眾所追求的嗜好，退休後最重要的事就是養生。這番風潮看在我眼裡，真是不可思議。

健康雖然很重要，但這是我們活著的目的嗎？活著的目的不就是活著嗎？就像仔細保養汽車，每天發動引擎檢查一番，或是每天將工具磨得發亮、擺著好看，這的確是一種「興趣」，卻似乎有點本末倒置（雖然也不見得不好）。

無論車子還是工具，如何使用它才是目的。人也是如此，健康地做些什麼才是人生。人活著並不只是追求健康，至少我是這麼認為。

思考健康一事，首先要了解人是活在自然中，說是自然的一份子也不為過。我們的周遭幾乎都是人造物，無論是衣物、住宅和都市，還有電視、電話和鐵路，只有人體不是。也就是說，人類是在眾多人造物之中，唯一的自然物。

人生不可能盡如人意，雖然這是非常不自由的事，但起因也是出於自身肉體的限制。因此，若想隨著自己的心意而活，就要先好好觀察「自身肉體」這個自然物，清楚了解其特徵、傾向和生態。即便吃再多藥物和保健食品，人也不可能被馴化成人造物。

享受有庭園為伴的生活

六月初樹葉茂密，到了十月便逐漸凋零，所以森林的蒼鬱時期很短。即便如此，夏天一旦近了，總是生氣蓬勃、明亮爽朗。

雖然日本的夏天讓人有些鬱悶，但我家這裡不會。我總是神清氣爽，感受時光緩緩流逝，就連迎面拂來的風都舒暢怡人，還能想像降雨時植物歡喜的模樣，自己也很開心。

在都市長大的我，以往一直覺得鄉下生活肯定很不方便，但現在想想，為什麼生活非得講求便利不可？心中浮現這般疑問。

只要播種，必會萌芽。如此小小的奇蹟創造了自然。

第17回、精神論不是 Know-how

精神論はノウハウではない

這是個精神論發達的時代

從我小時候一直到最近的日本，怎麼說呢？就是個不斷被說要「加油哦！」的時代。起初覺得還好，反正只要努力就對了，必會漸入佳境，看見顯著的變化與進步，深切感受到人生好充實啊！但後來卻愈來愈沒勁了，總覺得就算努力也不會有什麼改變，甚至感到落寞。

「光是物質豐富，無法讓心靈也變得豐富。」有愈來愈多人喜歡將這句話掛在嘴邊，成了一種通俗說法。「沒錯，的確如此。」不少人都深表贊同。

這麼一來，整個社會就會朝著回歸本心、更重視羈絆的方向前進；換句話說，Know-how 就變成了只是一種精神論。

貧困時期的代表性精神論，就是高喊「搞什麼鬼啊！」這種飢餓精神，所以大家都「咬牙」奮力拚搏，是個充滿幹勁的時代。

生活富裕之後的代表性精神論，則換成了「大家一起加油吧！」這般軟性訴求，「不容許暴力行為」的道德規範抬頭，但充其量只是嘴巴說說「加油」罷了。

所謂的 Know-how 是指導如何使用、以什麼方式處理的知識法則；相較於此，精神論則是以對「心情」發揮作用為根本。

當然，人都會有「隨心而行」的時候，雖然這在某種程度上也算是一種方法，但正因為是「隨心而行」（視心情而定，沒有規則可循），所以無法像我們一般所說的 Know-how，可以一再通用、重現。

書店有一整排寫給年輕人看的，關於「生存之道」、「工作方法」的工具書，而且多是將這兩者混為一談，讀者也頗為買單就是了。

為什麼教人「活得隨心所欲」的書很暢銷？

走在人生這條路上，調適好自己的心態很重要。有人認為要能做到這一點，才有「自由」可言。其實，前面強調過好幾次的事都與此有關，只是不少人應該也都有這樣的疑問：「那該怎麼做，才能落實呢？」

為什麼會有疑問呢？因為我們從小一直被教導「這麼做就對了」，無論在學校或家庭，我們早已習慣「一個口令，一個動作」的教導方式，根本無暇自己思考，只是不斷被灌輸。

也因此，長大成人後的我們，完全不曉得該如何面對人生、如何好好工作、如何待人接物，沒人教我們怎麼做。後來想想不自己用功不行，便去書店想找書來看。書店裡似乎就有寫著這些事情的書，看了之後，便有種好像領悟到什麼的感覺。然後呢？這樣就徹底解惑了嗎？

當然沒那麼簡單。也就是說，這世上並沒有大家想知道的 Know-how。要是有如此簡單明瞭的方法，小學課本絕對會教，那些探討人生、工作的書，也只要讀一本就夠了。

正因為不曉得解決方法，加上狀況因人而異，才會不停冒出各種 Know-how。

最近打造的卡車，貨台也可以載人。
平時會在庭園內行駛，載重量約二百公斤。

以減重法為例，可說是不斷推陳出新。事實上，明明有不吃、多運動這種極致手段，卻還是有各種花招百出的減重書，為什麼呢？就是因為大家想吃卻不想運動、又希望瘦身。

面對人生和工作時也是，我們都不太想努力，卻希望活得逍遙自在，只想做輕鬆有趣的工作，所以那些教人如何「活得隨心所欲」的書才會暢銷吧。

寫作也是我的工作

明明應該趁著夏天好好遊玩，我卻為了之後能徹底放空，調整排程提前結束工作。所以預計明年春天出版的書已經全數交稿，今年秋天左右要出版的書也已校對完成。

每年六月，我會決定明年預定出版的書，並擬好後年的工作計畫，所以就算我現在離開人世，森博嗣的作品還是會持續問世一陣子吧。

我覺得比起存錢，貯存時間才能帶來豐裕生活。事實上，我也是最近才領悟這個道理。這是試著貯存金錢和時間，比較結果後便能明瞭的事。

第18回、打造一個「發想」腦

発想できる頭を持とう

學習是輸入，思考是輸出

如果有路可行，只要不斷前進，便沒有那麼困難，一直在原地打轉才麻煩。最困難的事，莫過於找路、拓路。

具體來說，又該如何找路、拓路？答案很簡單，就是思考。那麼，「思考」又是怎麼回事呢？

許多人認為「思考」就是讀書、學習，其實不然。學習是將情報裝進腦子的行為，就像在吃東西；思考則是動腦，是一種運動、一種輸出行為。

因此，**試著動腦就像減重，腦子覺得餓，就會想要汲取知識與情報，所以適度學習、適度思考，有益頭腦健康**。

然而身處情報氾濫的社會，就算什麼都不做，竄進腦子裡的東西也會逐漸膨脹，讓人沒有餘暇思考。而且很多人誤解「學習」就是「動腦」，以為閱讀、上才藝課就能防止大腦老化，這也是天大的錯誤。

我是個作家，寫作是我的工作，其中也包括我會設定某個主題開放讀者提問，我再執筆回答的工作。像這樣「一問一答」的方式，其實不太耗費腦力和時間，十分簡單；相較之下，什麼題材都能寫的散文體裁，才是最辛苦的工作。

小說也是，寫系列作的第一本相當耗時，第二本就突然輕鬆不少，而且比散文簡單多了。因為素材已大致確定，不必太耗腦力，只要根據素材發揮就行了。

寫作散文也是如此，九成的氣力都耗費在決定要寫什麼，剩下的一成就只是書寫這項單純勞動。

我覺得那種只是就著題目，做些適當表演的落語家（編註：日本傳統技藝，類似單口相聲。），毫無魅力可言。因為在我看來，落語應該是一項單獨在台上即興思考、臨場發揮的「技藝」。

我建了一座木造橋，
初次體驗人也能搭乘的樂趣。
沒想到效果絕佳！
而且火車過橋時的聲音超好聽。

「等著別人來問我」的腦子

現今社會網際網路發達的結果，就是產生許多「等著別人來問我」，不會自己發想的傢伙。想必這些人從小就是在回應周遭人們的問題中長大吧。「想要什麼？」「想成為什麼？」要是沒有人這麼問，他們根本不會自己動腦想。因為在思考過程中，有人會列舉各種候補選項，他們只要回答「這個」就行了。真正重要的是在獨處時，會突然思考自己想成為什麼樣的人，擁有這般的發想力。

首先，思考要思考什麼比較好，這一點很重要，因為是否能一直思考這問題，會決定你今後的人生。雖然無法立即見效，但約莫十年後應該會有所不同。相反地，現在窮極無聊的生活，可說是十年前不事思考所造就的結果。

有趣的事物都是由「發想」催生出來的，過著只是由別人帶來樂趣的人生，永遠不會知道真正的樂趣為何。這樣的人只能享受別人帶來的樂趣，只會煩惱要怎麼回應別人的提議，也就愈來愈憎惡不主動給他們提議的人。

相反地，會發想的腦子時常催生樂趣，而且是一件接一件，有很多想做的事。雖然不可能全都實現，但就算沒有別人的提議，也有自己想做的事，懂得自尋其樂。

還有一點，雖然學習難免得花錢，但學習若能促使我們發想，進而創造收益，那麼將腦子裡想的事變成工作，因而得到對價關係，這樣的收入肯定更讓人開心。

六月新娘

六月是一年之中天氣最好的月份（難道在日本根本不是？），所以才有所謂的六月新娘。初夏爽朗的晴天讓人心情舒暢，我在庭園建造鐵道的工程也正如火如荼地進行，全長五百公尺的鐵道不久便能開通。

這幾個禮拜，我正在挑戰最後的難關，也就是全長十公尺的木造橋建造工程。前幾天，我戰戰兢兢地初次試開，真是有趣極了！

第19回、達成目標的三個要素

目的達成に必要なもの

反應並非「發想」，只是計算

如同前述，面對問題做出反應並非是「發想」。應該有不少人想反駁：「解決問題就是在動腦啊！即使是反應，也是一種思考。」（懶得動腦的人，肯定連反駁都懶得反駁吧。）

「思考」有兩種，一是「發想」，另一是「計算」。大多數人面對問題時做出的反應只是「計算」，許多場合都是因應知識與法則，選擇、引導出答案。也就是說，落語家的演出如果很無趣（對我來說），多半是那種看得出來事先計算好的表演。另一方面，「發想」則不是花個一分鐘、一小時就能從腦子裡迸出來，正因為如此，才是一種經過仔細思考的動腦行為。

好比算數或數學問題，如果是單純的計算題，馬上就能著手，因為計算一事近似肉體勞動；但若是應用題，就必須先想想要從哪裡開始。握著筆的手停住，任憑時間流逝，一個字也沒寫，這是一段絞盡腦汁「發想」的時間，也就是我在上一篇提到的「頭腦運動」、「思考」等行為。

當然，這不是指「不需要計算」，而是要讓計算一事也能訓練腦子，就像是伸展運動。所以我很贊成讓小朋友以計算方式練習動腦，說不定如此鍛鍊腦力的同時，也能發想各種其他事物。此外，為了讓發想到的事物發展、落實，平時就要鍛鍊腦力，為自己打造一個聰明腦。

思考一下，該怎麼做呢？

光是思考，根本無法成就任何事。雖然找尋自己的路，思考是第一步，但如果不能循著這條路前進，也只是空談。應該有不少人覺得自己擁有明確的夢想，無奈現實環境難以落實。

時間、資金、場所是達成目標的必備要素。取每個字的頭一個英文字母，就是「TMS」。其實TMS就和《鐵道模型趣味》雜誌的英文縮寫一樣，在這本雜誌中，頻繁地提到製作鐵路模型的必備三條件，就是時間、資金與場所。因為我從小就看這本雜誌，「沒錯，就是這三項。」所以深表贊同。總之，只要整備好這三項條件，就能打造通往夢想的路。

就算沒有資金，只要有時間，還是能設法做些什麼。當然，依照時間、場所或資金而定，能夠落實的程度也不一樣，**想想現在的自己還有哪些不足，進行重點加強，就有機會開拓自己的路，朝目標邁進**。

以我為例，親手建造迷你鐵道是我從小學以來就有的夢想，接近不惑之年時，我心想再這樣下去，恐怕就無法實現了。時間的話，還可以設法擠出來，但沒有鋪設鐵軌的場地，也沒有足夠資金。那時我還是租屋族，再加上孩子的教育費，負擔不小，所以得先想辦法籌措資金。要是有了資金，就能租借鄉下的土地，再慢慢擠出時間，利用週末假日動手搭建，不就能實現夢想嗎？這是我擬定的計畫。

這個時期，庭園裡常能見到松鼠奔來走去。
可能是因為樹葉茂密，
比較不會遭到在空中飛翔的天敵偷襲吧。

我是個公務員，不但薪資是固定的，也沒有什麼加班津貼，所以光憑本業實在賺不了什麼錢。我便打算利用晚上時間兼差寫小說，要是行不通，再試試別的方法，腦中隨之浮現好幾個備案。

於是我馬上實行，就這樣愈來愈熟能生巧，走上作家這條路。

我的兼職是當個作家

換句話說，為了搭建庭園鐵道，我現在做的是兼職工作。基本上，我覺得一個人享受搭建鐵道的樂趣就行了，從沒想過向別人炫耀，也沒打算和家人同樂。

雖然寫作這種事好像很了不起，其實根本沒什麼，我只是做自己想做的事罷了。當然，我會多少留意不要為此和周遭起爭執，但還是很難避免「起磨擦」，畢竟自由多少會伴隨著些許磨擦吧。

第20回、腦子也需要減重

頭のダイエットをしよう

我家老婆大人也在減重

我之所以能雜七雜八寫了一堆，全拜老婆大人之賜。我若是苦思不出題材，只要想想她的事，要寫多少就能寫多少，所以我家老婆大人還真是名符其實的「賢內助」。（總覺得「內助」這詞有點性別歧視，誰說一定是男主外、女主內呢！）

我家老婆大人嘗試過各種減重方法，最近還上健身房，設計了什麼幾個月就能甩掉幾公斤的重訓菜單，而且常用擺在客廳的一部叫做「彈跳床」的健身器具。我也玩過一次，感想就是：「哦—原來如此啊！」

如同前述，學習就好比頭腦要吃飯，思考是讓腦子能夠發想的運動。**現代人因為汲取過多情報，反而成了一副腦滿腸肥樣。腦子一旦過重，會變得不太靈活，也就無法深思，面對任何事都不太感興趣，因為懶得動腦。**

最明顯的例子，就是習慣急著下結論。「趕快決定一下吧！」常說這句話就是症狀之一。不可否認，有時必須果斷決定，但要是面對複雜的重大事件也不假思索，馬上就發聲「贊成」或「反對」，還是要提醒自己慎重一點。如果是自己的事還好，問題就在於不少人都會強迫別人接受自己的決定，尤其是那種慣於粗聲吼叫、頤指氣使的人，可說是極度沒品。唯有態度冷靜、有條不紊地陳述自己的想法，才能讓人心悅誠服。這種「以言語陳述自我想法」的行為，就是最基本、最簡單的頭腦運動。

以言語陳述想法，是鍛鍊腦力的一環

以言語陳述想法，就是一種為了陳述而思考的行為。像是近來流行的推特等社群平台，雖然文句簡短，但力求言簡意賅確實非常重要。因此，推特比部落格更能訓練自我表達力。

已經行駛超過百次的木造橋。

地上的白色斑駁是從樹葉縫隙流洩下來的陽光，對於地上的植物來說，是很珍貴的養分。

克制情緒、條理分明的陳述也很重要；此外，不以自身立場和自我利益為出發點，絕對更有說服力。思考如何理性表達，就是所謂的「思想」，我認為可是遠比行動來得高明、有品味，而且更人性化。也就是說，懂得深思熟慮、謹慎判斷的人，比起只講求行動力的人，要更有格調。

人是容易衝動行事的生物，往往有了什麼想法，就想趕快告訴別人，尋找認同自己、附和自己的人。問題是這麼做的同時，也就不再思考，只滿足於相互取暖的夥伴意識，不是嗎？應該不少人也這麼認為。

尤其是一開始就很強勢專斷，無法接受反對意見的人，不但眼裡容不下和自己唱反調的人，甚至還想攻擊對方，我認為這種情緒性的言行最是粗鄙。

條理分明陳述自己的想法，又有雅量接受不同意見；發現自己的想法有誤，不但勇於認錯，還會改變調整。進行論辯就是為了修正自己的錯誤，也是察覺自身有何不足的最佳方法之一，而以言語陳述自身意見，就是讓自己善於論辯的第一步。

雖說「以言語陳述想法」，但不是要「以言語來思考」。以我為例，九成是以影像來思考，而不是言語，所以將想法化為言語就像在翻譯，也是鍛鍊腦力的一環。這麼說來，習慣以言語來思考的人，似乎沒有充分鍛鍊到腦子吧。

正在進行的裝修工程

七、八月是我家訪客最多的時期，因為這裡的夏天最舒適宜人。庭園內廣闊的腹地盡是森林，只有三棟建築物，其中一棟屋齡六年的中古住宅，是用來招待訪客的居所。我家老婆大人和大女兒正在裝修這棟房子，而我只能幫忙做些苦力，好比前幾天幫忙粉刷牆壁，還真是有趣。小時候的我曾夢想當個油漆師傅，肯定是因為沒當成，才能享受箇中樂趣吧。

第21回、想像自己往前邁進一步

一歩踏み込んだ想像をする

先假設，再思考

來想想「思考」吧。任誰擬定計畫時，都會思索先這麼做、再那麼做的「順序」問題。有時也稱為「作戰計畫」，先思考將來會如何，再付諸實行，凡事講求策略。即便思考得再縝密，也無法精準地預測對方怎麼出招，況且對方也會設想因應之道、擬定策略。此外，就算沒有需要應付的對象，人生在世還是會遭遇各種麻煩，不可能事事盡如人意，所以「一切按照預定計畫進行」，只能說是奇蹟。

所以，想像對方會怎麼做，或是假設某個環節出了問題，並事先擬定對策，是非常重要的事，也是「思考」最能發揮威力的時候。

人天生就不喜歡思考討厭的事，只喜歡想像對自己有利的情形，夢想著「要是一切順利就好了」。這不叫「思考」，只是做白日夢罷了。

懂得先假設各種情境、思考各種策略，再按照預定計畫實行的人，自然容易邁向成功。

想成就這種如己所願的「自由」，就必須懂得「假設」；要假設會發生什麼狀況，則得依賴從經驗中獲得的知識。然而，**初次踏進從未有人到過的領域時，往往會遭遇很多不曾經歷、也無法以知識和計算來預測的狀況，而能夠填補這最後一道縫隙的，就是唯有人類才具備的「發想力」。**

「發想」是一種魔術

優異的成功案例，往往是經過縝密的「計算」與日積月累的「努力」才能造就。基本上，絕大部分情形都是這兩種要素的集合體，但還是有一小部分來自靈機一動，讓人不禁感佩：「哦—竟然還能想到這一點！」這時當事人也會得意地說：「是啊！

我想到這一點時，就覺得肯定沒問題囉！」

這就是「發想」，也稱為「創意」。因為就整體來看，這不過是一小部分，所以有人說：「成功是來自百分之九十九的努力，以及百分之一的靈感。」其實這百分之一往往是左右成敗的關鍵，也正因為有這百分之一，才能激發百分之九十九的努力。

那麼，該如何「發想」呢？雖然這一點很重要，但可不是運用什麼「手法」。

總之，專注地思考，投入熱情、堅持下去。想想還有什麼可能性？有沒有方法可以運用？有哪些路可走？悶頭苦思就對了。

有時可能好幾年都在思考同一件事，腦子就像計算問題時一樣，變得不太靈活，沒有脈絡條理，天馬行空地聯想。不過，正因為腦子專注思考著自己很在意的事物，反而更能發現什麼、觸及什麼。

就像我在思索程式時，閉上眼睛也會看到密密麻麻的算式與密碼，睡覺時天花板上還會出現工作清單，就是這樣「埋首其中」，才能萌生靈感。有時還會不經意察覺平時忽略的事物，再次確認剛才從眼前閃過的是什麼，感覺這東西「好像能用」，這就是所謂的直覺。

我工作時一定要用到的工具，
最前面是圓盤，後面是轉盤。
另一個房間還設有銑床，
方便我每晚切割金屬。

「靈光乍現」就是這麼一回事。雖然來自日常或興趣的發想會讓人有種「哦—原來如此啊！」的興奮感，但研究上的靈光乍現往往得經過一段時間才會派上用場，不能高興得太早，必須盡量抑制內心的興奮，先行驗證再說。

先假設，再思考，你是否也會這麼做呢？

每天都在挖土

為了因應很多客人來參觀庭園鐵道，好幾輛列車要同時行駛的情形，必須架設信號燈，這幾天我都在進行這項工程。主要就是將連結信號機的纜線埋進地下，因為全長幾百公尺，必須花上好幾天挖掘地道，但是我做得很快樂，也想起小時候喜歡在沙坑嬉戲的回憶……

第22回、習慣以影像來思考

映像で考える

以影像來記憶和構思

我不曉得這一篇對大家是否有參考價值、或派得上用場，只是在聊聊個人習慣。

我提過好幾次，我從小習慣以圖像與影像來思考，而不是靠文章和言語。

就讀大學時，我曾跟參加漫畫研究社的學長（他讀的是農學院）聊天，那時他說了一句話：「人類要是沒了言語，根本無法思考。」聽到這番主張的我很驚訝，馬上反駁，但他似乎不以為然。

後來，我發現大多數人還真的是用言語來思考，而且除了言語以外，很難用其他方式來思考，甚至無法思考。

我也會用言語來思考，好比構思小說書名。但即便是這種情形，我還是會想像腦子裡有塊黑板，自己在上頭寫字的場景，也就是將文字視為「圖像」。

記憶也是如此。譬如背記歷史年號時，我無法像一般人那樣將鎌倉幕府成立的年份「1192」想像成諧音「IIKUNI」（日文的「いい国」，「太平之國」之意），而是將「1192」這個數字化成影像來記憶。但無論文字或數字，都是沒有特徵的形狀，所以我根本記不住。因此，就算同樣是數字「1192」，我也會將它想像成一種原創圖案、裝飾性文字，或是數字造型的雕刻、某種形狀的結構物。

雖然數學是我最擅長的科目，但其實我對數字這玩意兒頗感棘手，比較喜歡有圖形之類的幾何學，就連代數問題也要展開成座標才能思考。

我這種人居然成了書寫文字的作家，想想還真是不可思議。周遭的人聽聞我「從不做筆記」都很詫異，但我本來就是不用文字思考的人，就算做筆記也派不上用場，況且也不知道怎麼個記法。

我構思故事時，是先思考圖形，再逐漸轉換成動畫。執筆時，一邊看影像，一邊寫出符合情境的文字。

這座風車高約二公尺，
是我家庭園裡的第三大建物。
雖說是靠風力發電，
卻頂多只能點亮LED燈。

因為都是以影像來記憶，所以我不記得寫出什麼樣的文章，卻記得故事走向、登場人物的特徵、動作、房間配置，以及出現在故事裡的各種物件和顏色。

例如，若要描寫以角色的「眼睛」看到的場景，依角色的視力不同，看到的情況也不一樣；好比有近視的人，看到的場景會有些模糊，換句話說，就是以各種鏡頭來構思影像。這麼一來，創作出角色自身「體驗」的同時，也成了我的體驗。

一路走來，我已經搞不清楚自己是在寫小說，還是在寫實際體驗過的事。對我來說，這種情形稀鬆平常。

腦中浮現一條路

所以我在思考「人生」時，腦中也會浮現一條「路」。不是文字的「路」，而是影像的「路」，即便是關於過往之事，我也會回首那條走過的路。

「回憶」這東西就如同一幕幕場景，不是嗎？難道大家的回憶是以文字或文章形式呈現？我想，應該不少人都是以影像方式回憶自身經歷過的事吧？

同樣地，我也是以影像看待未來的可能性，想像各種場面。無論是對策、方法或預定計畫，還是料想中的麻煩、阻礙，甚或放棄的時機，一切都是影像化。此外，像是與別人接觸、合作等，也是一樣影像化，或者轉換成座標上的圖形。

所以，我這顆腦袋從小有閱讀文字障礙，只要看到文字，就想逐一轉換成影像。問題是這麼做不但花時間，也很容易忘記自己讀到哪裡了。而且在只認識文字造形的狀態下，偶爾還會一時轉換不過來。

近年來，我總算逐漸習慣閱讀文章了，縱使如此，書寫與閱讀所花費的時間還是差不了多少。因為腦子已有影像，所以輕易就能轉換成文字；但是由文字轉換成影像可就困難多了。我也始終無法理解自己為何會這樣。

夏天也快結束了吧！

雖然時序才進入八月，落葉卻已增多了，之後就是不停清掃落葉的時節吧。

我家庭園內有三棟建築物，還有十幾棟純粹只是擺飾的玩具建物。這些都是我用砂漿和木材蓋出來的，屋齡最久的超過十年，我會不時重新粉刷、整修一番。

第23回、以思考和行動，兩輪並進

思考と行動の両輪

繪製設計圖的意義

因為家父是建築師，所以我從小就知道設計圖這東西，也就是每次要製作些什麼時，都要先畫設計圖的這道手續。

小學二年級時，堂兄弟給了我幾本少男少女看的模型雜誌，我每天翻閱。裡頭畫著教人怎麼做東西的立體圖，以前稱為三面圖，也就是從前面、旁邊、上面看的圖，還會標示尺寸大小。建築設計圖也是這樣，還有常見的汽車型錄設計圖等也是。

實物是立體的，也就是所謂的三度空間；設計圖因為是二度空間，所以必須繪製成從三個方向看到的圖。

但我們腦中的影像，並不是設計圖那樣的二度空間，而是和雙眼所見一樣立體。要說這兩者有何不同，那就是視點會移動，有如能從不同角度觀看的動畫，再加上時間軸，所以稱為三度空間。

三度空間的立方體展開圖以二度空間繪製，就成了六個正方形。大家可以試著在腦中想像這個二度空間展開圖可以折疊、做成立體的樣子。

同樣地，四度空間的立方體繪製成三度空間，就成了四個立方體的展開圖，所以這個展開圖可以折疊出四度空間。要是不習慣這麼想像，可能很難做到吧，總之，人腦可以想像超越三度空間以上的東西。

話題回到設計圖，在我家庭園鐵道行駛的蒸汽火車雖是由我打造，但設計圖不是我繪製的，即便如此，還是花了好幾年才完工。而繪製設計圖，也就是設計一事，可是遠比金屬加工作業等更耗時，據說一般都要花上好幾年、甚至超過十年。

國際知名的模型大師平岡幸三，以繪製極精細的設計圖而聞名，全世界有許多人都是以他的設計圖為藍本製作火車模型。不過聽說平岡先生近年來只繪製設計圖，並未實際打造模型，或許這就是所謂已達極致的「創作」吧。一般會先試著做做看，從中發現問題點（好比螺栓有沒有用扳手鎖緊），要是連這種事都沒辦法在腦中處理，就還達不到光靠設計圖便能完成一切的境地。

有思考，才會有行動

若是我自己的狀況，工作時並不會先繪製設計圖。雖然我在大學唸的是建築系，住家也是自己設計、建蓋，但我通常不畫複雜的設計圖，只有偶爾會畫非常簡單的草圖，主要是為了確認尺寸，像是需要多少零件等，實在很難只在腦中計算。

其實一旦習慣，不畫設計圖也能製作，而且只要動手開始做，就能弄出更複雜的設計。設計與製作就像雙腳並行般地交互前進，我每天都是抱著這樣的感覺做事。

也就是說，**有思考，才會有行動。另一方面，也會因為行動而改變觀點，產生另一種思維**。

人們眼中的天才（平岡先生就是一例）應該是光憑思考就能鎖定目標吧，亦即光憑思考就知道自己要怎麼行動。不過，這種能力說不定只限於用在工作，畢竟走在人生這條路上，光憑思考很難預測一切。

訪客乘著車子，行經木造橋。旁人看來可能覺得她很開心，其實坐起來還挺驚險的。

所以思考、思考、徹底思考後，還是要行動。此外，就算沒有思考得很透徹，只要試試看，搞不好就能輕易地找到問題點，發想出別的點子。相信只要不斷累積這樣的經驗，我或許也能成為只憑簡單素描圖就做出東西的人。

夏季開放日

我家的庭園鐵道平日只有我一個乘客，還有愛犬也會搭乘，但是家人不會。只有炎熱夏日，朋友才會特地來我家體驗一下，我戲稱這是開放日。朋友們專程搭飛機前來參加為期三天的開放日，可惜抵達當天下雨，因而無法搭乘，我安排訪客們住在庭園裡的客房小屋。

今年也有約二十位朋友參加，白天大夥一起烤肉，晚上則是由訪客們下廚，讓我有幸飽餐一頓。

今年的活動主角是前幾天才剛完成的木造橋。對於擅長讓大家體驗驚險刺激的我來說，過程順利平安就是最開心的事了。

第24回、用平常心看待麻煩事

トラブルがあるのが普通

面對未來，最好悲觀一點

我認為面對未來，基本上要抱持悲觀態度，尤其對於自己想做的事更應如此。恐怕不太順利吧、可能很難成功吧，時常這麼想就對了。

正因為如此，每當老婆大人有事找我商量時，我會直接指出可能遭遇的問題，結果總是挨罵：「你為什麼老是喜歡潑冷水啊？」總之，要是希望事情圓滿成功，顧慮周全很重要。

許多失敗往往是過度樂觀預測所致，自以為事態沒那麼嚴重、不會那麼糟糕，也

就是沒有考慮到最壞的情形。

好比運動選手賽前受訪時，表現得自信滿滿；企業經營者、政界領袖都會說些正向言論，因為要是不這麼說，恐怕會影響團隊士氣，其實他們往往心口不一。

而最危險的，是那些聽到這種言論就信以為真的人。滿腦子樂觀想法的他們或許很有幹勁，卻只會對結果深感失望。雖然常有人說，一旦往壞處想，就容易鑽牛角尖、招來衰事，但這應該說是一種「失敗者精神論」，亦即凡事未雨綢繆，先考慮到最壞的結果。畢竟換個角度想，「樂觀這檔事，就連笨蛋也做得到」，不是嗎？

專注力就是察覺危險的能力

專注於一件事，用的不是眼睛，而是腦子。換句話說，運用的是思考力，而不是視力。當然，性格多少也會影響腦子，我們的腦子往往會因為先入為主的想法，以致於疏忽大意，所以一定要隨時提醒自己，想想是否有什麼沒發現的陷阱。要是少了這種「危機意識」，肯定會造成麻煩，使事情更加棘手。這樣的狀況可說是屢試不爽。

我將影片上傳 YouTube，有興趣的人，可以用 Gyro monorail No.12 檢索觀看。

如此小心翼翼、不敢輕忽任何細節，結果還是出了狀況，也是在所難免，但至少不至於搞出大麻煩，這就是一大差異。有些人抱著這般心態：「反正再怎麼小心，還是會遇到麻煩，那就不用太努力啦！」只能說這是錯誤認知。唯有思慮周全、凡事別太樂觀，才能提高成功率，這是最安全的一條路。

凡事樂觀思考的腦子，大概很容易被「願望」支配吧。雖然對人類而言，期待與願望是不可或缺的要素，但若誤以為這就是自己的「意見」、「努力的方向」與「方針」，勢必會受挫。願望不過是個目標，為了達成目標，絕對需要悲觀一點的預測。

有句諺語說：「石頭橋也要敲著過。」是指凡事務必小心謹慎，但要是謹慎過頭，就算敲了也不敢過，可就本末倒置了。當然也可能敲得太用力，反而敲壞了橋，亦即擔心過頭，反倒作繭自縛，陷入窘境。

那該怎麼做比較好呢？懂得拿捏分寸很重要，這就需要累積各種經驗了。藉由一次次的嘗試與失敗，找到最適合的答案，這種「練習失敗的過程」，可以讓我們蓄積大量資料，看見通往成功的路。

關於最近的研究

我把在大學任教時的研究計畫全都讓給了後輩，不過自己後來也還是著手做過各種研究，最投入的莫過於單軌陀螺車（欲知詳情者，請上網搜尋）。

我從二〇〇九年開始研究，反覆架構理論與實驗，也試做模型以實際驗證。雖然最終目的是打造出可供人乘坐的實體車，但進度很緩慢，大概還要花上一段時間吧。

從去年到今年，我製作了可以在庭園內行駛的十二號模型機，讓它行駛在平時運行的鐵軌單側，結果不會左右傾倒，結構的平衡性非常好。但這款模型機無法實際量產，為什麼呢？因為缺點多於優點，純粹只是出於個人興趣而打造的東西。

況且，除了非營利的個人研究者之外，也不會有人理睬我吧。這種不為任何營利目的而做的研究，就是至高的奢華享受。

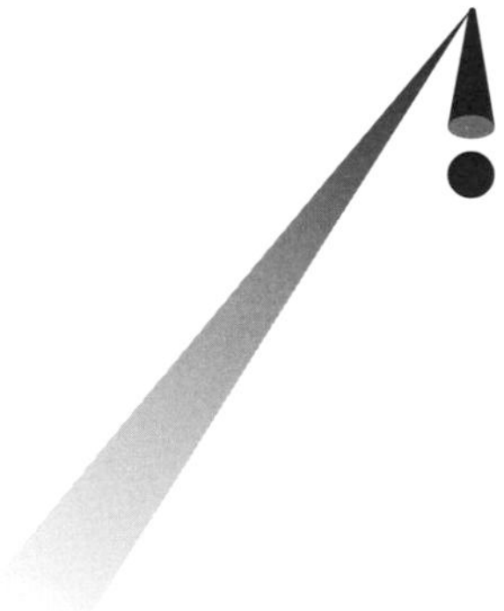

人天生就不喜歡思考討厭的事，

只喜歡想像對自己有利的情形，夢想著「要是一切順利就好了」。

這不叫「思考」，只是做白日夢罷了。

／

人是容易衝動行事的生物，

往往有了什麼想法，就想趕快告訴別人，尋找認同自己、附和自己的人。

問題是這麼做的同時，也就不再思考，只滿足於相互取暖的夥伴意識，不是嗎？

第25回、神與理論，基本上是一樣的

神と理屈はだいたい同じ

知道有終點，才能不斷前進

我之所以開始研究單軌陀螺車，是拜堪稱模型大師的井上昭雄先生之賜。他製作的大型金屬模型是花了幾十個小時才完成的大作，問題是這個模型可以驅動，卻不夠穩，無法達到一定的功能性。井上先生於是找我商量：「該怎麼做比較好？森先生應該有辦法解決吧？」

我直覺地認為：這個問題不可能解決，因為這項理論無從成立。

但我試著調查後，發現有理論可循，百年前的文獻記載著算式，而且是公開的資料。即便如此，卻沒人能夠解讀，為什麼呢？因為留下來的只有用於申請特別許可的書面文件資料與設計圖，可能是怕別人模仿而故意寫得很難懂。

單軌陀螺車在大約百年前就已發明，卻沒有留下任何實際行駛過的車體。唯一現存的是模型，也無法運轉。

我試著調查各種資料，發現甚至有「這種技術根本是詭計」的批評，說它只是一種唬人的戲法，根本不可能落實的技術。

其實憑我身為技術研發人員的直覺，也認為不太可能，但我還是試著研究算式，確認理論能否成立。想不到竟然發現沒錯，這的確是一種可以成立的物理現象。

我想設法實現這項理論，便試著製作模型，實驗看看。

果然非常困難，按照理論根本行不通。因為陀螺一震動便無法保持一定的平衡，所以這項理論根本無法落實於機械運作，只會一再失敗。

如果我像井上先生一樣從實驗做起，肯定就此收手，得到「無法落實」的結論。恐怕百年來有不少技術人員都因而飽嚐失敗苦果，事實上也真有幾個此類案例。

但這項理論是正確的，只要了解理論，就好比相信神，有信心一定會成功，所以很多人一直不願放棄地繼續實驗。

我也相信一定會成功，才走上這條路，因為知道有終點，才能不斷前進。雖然離成功之地尚遠，每每總是挫敗，但我一旦著手進行，就始終抱持著這般強烈意志，從未懷疑這理論行不通。

努力這件事一點也不辛苦

虔心信神，沒什麼不好，我則是相信「理論」。思考之後，訂立目標，明白自己為何這麼做的道理，接下來只需要做最簡單的事，那就是「努力」。**「努力」就像打工，任誰都可以做到，只要一步步前進就行了。比起相信會有終點，努力可是輕鬆、簡單多了。**

其實努力這件事一點也不辛苦，面對怎麼做都不順利的窘境，不知如何是好才是最辛苦的事，這時就必須找出理論、決定怎麼做，再來就是勉力一試了。雖然耗費心神令人疲憊，但只要沒了迷惘，就不覺得辛苦。

只要有地圖，知道要走哪條路，就是一場愉快的郊遊；如果迷了路，則會遭遇危險。兩者的差別，在於是否知道自己走在正確的路上，也就是有沒有活下去的道理。

人和狗兒都可以在我家庭園自由穿梭，
想做什麼，就做什麼。
問題是，到哪裡為止算是我家庭園啊？

理論是人腦催生出來的東西，並依此產生苦與樂。比起一股腦兒往前衝，你更應該先確立自己為何往前衝的道理。

順道一提，追隨成功人士，走的是一條現成的路，就算沒有道理也可以走得很安全。這方法萬無一失，也就是效法前人的意思，問題是這條路應該有點無聊，樂趣也跟著減半。面對工作時，這麼做倒也無妨，畢竟工作首要講究的是效率；但若是面對自己的人生，更想追求的應該是樂趣，不是嗎？

出遠門之前必做的事

前幾天，我和老婆大人一起花了四天，開車兜風了約二千公里。光是這樣一路開車，就領略到了沿途風景的豐富變化。喜歡欣賞風景是老人的特性，我承認我們倆就是老人。

女兒和愛犬負責看家。每次我要出遠門時，都會寫封簡單的遺書，這樣隨時離開這世界都無妨，因為我相信人生風景絕非一路漂亮到底。

第26回、以「假設」開拓新境界

仮説で切り開くフロンティア

會覺得努力很困難的原因

我說過，只要有了理論，再來就是很簡單的努力了。然而，想必許多人都會有這個疑問：「努力不就是最困難的事嗎？」這八成是看多了運動選手或商界名人的現身說法，覺得這些成功者都是歷經「辛苦的努力」，才能克服困難、功成名就吧。

會覺得努力是件辛苦事，是因為你懷疑自己走的這條路是否正確。就如同上一篇所說，因為覺得自己「迷路」，才讓郊遊成了一場劫難，每一步都走得很辛苦。**「迷失」是一種不知道什麼才是正確的心理狀態，也就是找不到任何讓自己相信的理論。**

一旦前進的方向錯誤，現在所走的每一步都白費了。更麻煩的是，搞不好還離目的地愈來愈遠，正因為有這樣的疑惑，才覺得痛苦。

面對這種情形，你能做的只有思考，也可以找人商量，擬定應急對策，藉此催生出某種「假設」。

就算是假設，也必然有它的道理、可能會是正確的。總之，先相信這樣的假設，認為它是正確的，便能開始前行。

經過一段時間，就會明白這樣的假設還是不太對勁，或者開心這樣的假設正確無誤。人類就是像這樣反覆嘗試，摸索、推動事物，我認為人生也應是如此。

你的生存之道，就是在研究你自己

在研究過程中，一定會反覆架構假設並實際驗證，提出能說明某個現象的假設，相信這樣的理論一定會成立。這理論有時是一道算式，也有時只是一種方向。

畢竟若不這麼做，就只是蒙著頭胡亂嘗試罷了，不僅會立刻沒了幹勁，也無法堅持下去，所以我們必須姑且相信這一定是真理。

我將這款人力車命名為「Pedal Car」。
沒想到它竟然大受親朋好友的喜愛，
還真是出乎意料。

若是以團隊方式執行計畫，就能比較各自假設的正確性，再根據理論的可信度，決定採用誰的假設。好比簡單的假設通常比複雜的假設更有說服力，這大概是理科系的一般法則。此外，一種假設若能說明諸多情況，則表示可信度很高。

一旦確立理論，就要相信這理論，然後大膽決定前進的方向。因為這是大家一起做的決定，接下來就是依循這理論，努力做好自己份內的事。

這段努力過程勢必很漫長，一旦毫無成果，猶疑的心情肯定愈見高漲，懷疑這個假設是否錯了，商議要不要改採別的假設比較好。畢竟努力過後，否定這個假設的依據增多了，情況也跟著改變。縱使如此，這一路走來並未白費，反倒開了眼界。

研究這檔事之所以必須反覆嘗試，從錯誤中學習，是因為沒有前例可循，也沒有成功個案能參考，所以才要研究，以開拓新境界。

人生也是如此。**你之所以誕生在這世上的唯一條件，就是你從未出現在過往，也不曾有人研究，更沒有在哪裡發表過。所謂的人生，就是一種新境界。**

你的生存之道，就是在研究你自己，只有你能嘗試提出假設，然後相信自己的假設，大膽前行。要是行不通的話，重新架構假設就行了。因為「活著」，就是在反覆進行這件事。

自家庭園騎車趣

兩年前為了測試噴射引擎，我買了一輛二手腳踏車，然後將引擎裝設在車子的置物架上。為了測試推力有多大，我必須奮力騎上山頂，再一路不踩剎車往下狂飆。基於這項實驗結果，我打造出噴射引擎機關車。

我將完成任務的腳踏車拆解，只留下踏板部分，改造成一輛可以坐著踩踏板，行駛於鐵軌上的人力機關車。那時，我每天都會踩著這輛車繞庭園一圈。因為車子設有測量速度、距離的裝備，所以知道繞一圈庭園的總長度是五百二十公尺。看來，我得想想如何運用剩下的兩個腳踏車車輪來做些什麼。

第27回、過於在意的心情

気持ちを気にしすぎる気持ち

「感想」是什麼玩意兒？

連載這篇文章時，有一場名為「犀川創平AI」的網路活動正在進行，不過已近尾聲就是了。這是講談社為我的書所做的宣傳企劃，讓人工智慧犀川創平（小說的男主角）成為大家商量事情的好對象。不必拋頭露面參與這場活動的我，只是一副事不關己樣，任意回答大家提出的問題，很可笑對吧？

話說，森博嗣剛出道時（一九九六年）也曾回答讀者寄來的信件，而且是有問必答，就這樣持續了十二年左右。這次活動的效果好像還不錯，看來今後是連這種事都能交由AI處理的時代吧。還是為時尚早呢……?

從前寄給森博嗣的讀者投書篇幅都很長，也有不少讓我耳目一新的想法，著實獲益匪淺，所以我回信也回得很愉快。不過這一次，就極少有人能長篇大論地和AI對談了。或許因為這活動是透過推特舉辦吧，大部分參與的讀者都是打聲招呼、提一點問題（像是「要不要喝杯咖啡啊？」），不然就是聊些小說裡的台詞。

我深深感覺到，現今是個大多數人都習於被動接收訊息的時代，應該有不少人雖然想交談，卻不曉得該說些什麼吧。面對人際關係也是如此，時常陷入「不知如何主動出擊」的窘境。

媒體問我對於這場名為「犀川創平AI」的活動有何感想，這問題讓我不知如何回答。基本上，我覺得大家好像對我沒什麼興趣，所以我也沒什麼感想，就是這樣。

我是個不太愛說話的人，但是我寫小說，而且小說裡也有那種話匣子一開就沒完沒了的角色。但是，要我說些感想什麼的還真難。

什麼是感想呢？

我想，請問感想多半都是想引出「請多指教」這句話吧。這是很難用英文翻譯，日語才有的說法。我們往往會因應這句話，表現出適切的態度與立場。但老實說，我真的不懂為何非得請別人多多指教，也很懷疑我這麼請託，對方究竟會領幾分情。

「請多指教」這句話又是什麼意思呢？

或許是給人笑臉以對的印象吧？也就是以言詞表達善意。我想，八成是因為日本人總是面無表情，才會編造出這麼一句話。

不要成天想跟別人的人生有所牽扯

基本上，我不會將情緒帶入工作，希望大家明白這一點。我是為了得到相應的報酬而工作，不是因為想做而做，也不是因為興致勃勃而做。所以問我有何感想時，我無法坦率地笑著說：「請多指教。」……一定是這樣吧。

很多現代人都十分重視所謂的「感受」，習慣察言觀色，提醒自己要融入群體，配合大家的步調、體會他人的心情，一輩子就被這樣的強迫觀念支配著。

這種人面對自己的人生也是如此，總是在意別人的感受，仰人鼻息而活。若是過得順遂還好，但也有人並非如此。有些人則即使想依靠別人，也找不到對象，沒了安全感的結果，就是情緒失控，最終走向自我毀滅一途。若是自我毀滅倒也罷了，就怕

因為落葉還不多，看得見鋪在地上的鐵軌。
我家庭園的鐵道終年無休，
所以這個時期每天都得清掃落葉。

有些傢伙為了得到別人的認同，做出破壞社會秩序的惡行。

有時我會思索這樣的悲劇為何發生。這些傢伙會幹出如此惡行，說穿了就是不夠了解自己、不夠獨立。換句話說，不要成天想跟別人的人生有所牽扯，也就能避開這樣的危險。

所以說，我的感想是……？

當我被「詢問」、要求回答有何感想時，我還是會回答對方的問題。媒體通常都是這麼問我：「雖然森老師是A，但您對於B有何感想呢？」而我會回答：「不，我不是A。」不然就是：「要問我對B有何感想，我的回答是，我和B無關。」

甚至有那種莫名其妙的人，會問我奇怪的問題：「您對天鵝座有何感想呢？」

每天，我都會清掃庭園的落葉，但我對落葉沒有任何感想。只是單純覺得秋天一到，就有掃不完的落葉。

第28回、以理服人，不是容易的事

理屈による説得は難しい

自己的假設對別人根本無效

為了朝向目標邁進，必須架構自己認為正確的方針（假設），而且相信這麼做一定沒錯。換言之，就是「相信自己」的意思。

一旦得到小小的成功就會萌生自信，相信自己的假設正確、做法無誤，這是暫時性樂觀。千萬別高興得太早，我來指出兩個陷阱吧。

其一是也許到目前為止還不錯，但無法保證這個假設是否一直適用，因為假設的正確性只有一部分能被證明。此外，因為條件會時常改變，必須斟酌這個假設是否適用於今後的情況。

有時候，也可能因為別的因素而成功。雖然這是比較極端的例子，就像相信某個占卜而買彩券，結果真的中獎了，卻也不能說這個占卜百分之百正確。假設必須要有理論，而理論當然要有科學性。

另一種陷阱則是因為成功了，便認為可以用這個假設說服別人，其實不然。

基本上，人類一向只相信自己的假設，對別人強迫自己接受的假設則有所存疑，而且比起理論，更在意結果。也就是說，看到堪稱成功的結果，才會對假設感興趣。所以不會一味強迫別人接受自己的假設，才是聰明人。

結果往往凌駕於理論

好比學校老師或雙親都會對學生、子女耳提面命，訓示身為人應該怎麼做，這就是理論。理論的應用範圍雖然廣泛，卻以抽象居多。相較於此，我們喜歡和朋友在一起，因為能做些愉快的事，或是喜歡長得好看的人氣偶像等，這些都是肉眼可見的結果，並非理論。可想而知，小孩子和年輕人會覺得哪一種比較有魅力呢？

這是我每天早上散步必經的小路，
拍照當時的氣溫是零度以下。
因為農耕時期已經結束，
可以在這裡盡情玩遙控飛機。

對孩子來說，比起「現在這麼做，明年就會很順利」如此抽象的人生方針，眼前有塊蛋糕更讓他們感興趣。由此可見，結果往往比方針來得具體、更能撼動人心，這就是稱為「現實」的陷阱。

那麼，該怎麼做才能避免落入這樣的陷阱呢？

不妨想想，必須具備哪些因素才能讓你相信某個理論。有幾個方法，首先就是相信理論而取得結果，實際體驗到這種喜悅，能夠親身領略到理論的強度。雖然人家常說失敗為成功之母，但我認為從小小的成功學習，才是最妥當的路。不過有一點很重要，就是千萬別得意忘形。

相較於此，也有因為不相信理論而失敗，反倒因禍得福的例子，但這是一條最好避開的路。畢竟失敗對任何人來說都很痛苦，這也是人之常情。

就連單純的體育運動也有所謂的伺機進退，只能說人類社會就是如此複雜。從伸手拿取蛋糕的人身上榨取的模式，成為了今日社會運作的基本結構，這是非常清楚明確的道理。

首先，不被榨取或是察覺自己被榨取很重要，因為光是這樣，就能讓自己走的路平順許多。

理論是人類擁有的最大武器，因為人類具有建構理論的知性，不斷思索著該怎麼做比較好，絕不能荒廢這樣的工夫。唯有一步步搭建、整備，才能為自己打造出一條容易生存的路。

我一再強調，重要的不是基於別人給予的理論，而是依循自己的理論往前邁進。我認為任誰都適用的理論，只存在於數學與物理學，而這些理論跟如何在人類社會中活得好的理論，可說是大相逕庭。

當然，也不一定要全盤接受我的看法，只要擷取覺得對自己有幫助的部分，加以活用就行了。

冬天是工作與實驗的季節

天候越來越寒冷，雖然秋天必須拚命清掃庭園的滿地落葉，但不久就會下雪，所以直到春天來臨之前，我都不必幹這活了。

這時候的我會窩在溫暖的工作室，每天切割金屬、進行測試、做些新東西。可以說一年裡泰半的時間都在享受室內活動，看來活用冬天研究成果的春天還有得等囉！

第29回、流線型的生存之道

流線型に思いを馳せる

流線型是最酷的形態

你聽過「流線型」嗎？就算聽過，但是依世代不同，對這個詞的印象也不一樣。「流線」的英文是 streamline，簡單來說，就是「讓線條不紊亂的形態」。這裡所說的線條，指的是形體周遭氣體或液體的運動；相反地，流線型對於靜止的東西來說，就沒有意義了。

交通工具在奔馳或飛翔時，為了讓空氣與水流保持順暢，避免產生亂流，要打造出滑順的形體線條，最具代表性的例子就是飛機和潛艦，形體十分俐落光滑。

其實流線型早在百年前便已流行，原本是用於飛機和飛行船的設計，後來又應用於火車、汽車等，甚至擴及一般物品。在火車、汽車尚無法快速行駛的時代，流線型因為造型好看又時尚，所以深受歡迎。

蒸汽火車也搭上這股潮流，打造出光滑俐落的車身。日本也不例外，流線型車身順勢取代了外觀有很多突起物，顯得比較雜亂的蒸汽火車。

只可惜這樣的更新成效不彰，無論是定期檢驗或小維修，流線型車身都成了一大妨礙，必須先整個拆掉再裝回去，十分麻煩，早期的設計不乏失敗例子。

最貼近我們日常生活的流線型設計，就是騎自行車時戴的安全帽，而且多是設計成前圓後尖的造型。

流線型是為了盡量減少周遭空氣和水造成的阻力，而發明出來的一種設計，要是在沒有空氣和水的地方，流線型就無用武之地了。好比翱翔宇宙的太空船就沒有這些顧慮，要設計成什麼樣的形體都無所謂。

人類從高速飛翔的鳥與高速游泳的魚，領悟到什麼是最酷的形體。但已超越自然界速度的現代社會，卻逐漸發展、變化出奇妙的形體，好比外觀活像鴨嘴獸的新幹線，看在我這一輩的人眼中，只覺得「遜斃了」，而新幹線的車身當然也是流線型。

是想被束縛，還是不被理解？

我常將人類的生存之道、生活型態想像成流線型。一旦形體欠佳，周遭就會產生亂流與漩渦，為了前進，只好拚命抵抗。人類社會的密度與黏性遠比空氣來得高，又濃又黏稠，所以身處其中的人們只要稍微做個不一樣的動作，就會遭遇莫大的抵抗。而且抵抗與速度呈正比，亦即你的動作越醒目，各種阻礙也越多。

只要平時就調整自己的形體，打磨得俐落光滑，便能馬上掙脫窘境。這樣的人就算再怎麼特立獨行，也不會引來側目，「反正他啊，就是那樣子囉！」旁人已經見怪不怪。久而久之，就會醞釀出流線型的生存之道，不被無謂的煩惱與瑣事纏身。

像這樣不受周遭擾亂，能夠快速奔馳的生存之道，真的十分帥氣。「為什麼周遭的人都能理解他的作為呢？」一般人或許會覺得不可思議。

無法隨心所欲做自己的人，最常說的一句話就是：「為什麼周遭的人都無法理解我的想法？」或是以「必須得到家人的諒解」為藉口。

問題是，周遭的理解往往是黏到甩不開的負擔，而且有不少人毫未察覺，這種理解反倒成了阻力。

這是德國的流線型蒸汽火車模型，
按照原尺寸打造而成，
以鍋爐發熱，
靠蒸汽動力行駛。
無論是實際車體還是模型，
車身都是粉紅色。

有了「家人的理解」才能「得到自由」，這樣的解釋等於是將自己受束縛的狀態說成是「需要理解」。我認為能否發現這般矛盾之處，就是決定一個人能否活得自由的關鍵。

你究竟是希望得到別人的庇護，還是希望別人放手不管？

至少，一個人活著的「模樣」，不是按個鈕就能輕易改變。除了想像要以多少速度奔馳，決定什麼是最適合自己的形體之外，別無他法吧。

當然也有人就是喜歡充滿亂流、有各種阻力的人生。

振筆疾書寫小說

每年秋天到冬天是我振筆疾書，伏案寫小說的時節。每個月寫一部作品，預定明年出版。今年也不例外，只要再寫一部，明年的工作量就完成了。

接著要再決定到後年為止的預定出版進度。畢竟要是望不見路的彼端，也很難加速前進吧。

第30回、活用矛盾

矛盾の活用

活著就會伴隨種種矛盾

口口聲聲說為了隨心所欲做自己，必須得到家人的諒解，卻又渴望家人之間的羈絆。我在上一篇探討過這樣的矛盾，接下來就把焦點放在「矛盾」這玩意兒吧。

常聽人說，還是趁年輕時吃苦比較好，一旦上了年紀，做不到的事也會變多。我想年輕人多少能領略這意思，畢竟不少老人家都說過：「要是再年輕一點就好了。」所以想做什麼就要趁現在。

渴望長生，卻又不想變老，這就是很大的矛盾。同樣地，希望孩子快快長大，卻又想要他們永遠那麼可愛，這也是一種矛盾。

明明想永遠和孩子一起愉快生活，卻討厭和自己的父母同住，這種心態與其說是矛盾，不如說是自私，不是嗎？

又好比前面舉過的例子，渴望婚姻，卻又不想被束縛，這也是一種矛盾。不婚主義者以往在傳統社會得不到認同，如今隨著單身者逐漸增多，也就沒那麼特殊了。有愈來愈多人選擇過著能做自己喜歡的事、自由自在的人生，討厭婚姻帶來的拘束感。其實對於孩子、家人也是如此，不想被這種關係束縛的人明顯增加。

我覺得這沒什麼不好，也坦然接受如此的想法，畢竟能夠自由選擇自己想要的生活方式，是一件可喜的事。

雖然有人擔心少子化問題，我倒不這麼認為，因為人類真的太多了。減少一半也挺好，不但可以減緩環境的破壞，也能解決棘手的能源問題吧。我相信世界也能因此變得和平。

不過也有人認為，人口一旦減少，整個大環境勢必變得寂寥、蕭條。這個嘛，或許是吧，但我就是喜歡寂寥的感覺，不行嗎？

這是我的工作室，
目前正在進行單軌陀螺車的實驗。
最裡面的那台機器是英國製車床。

行動只能單一，但思考可以容納矛盾

這裡所說的矛盾，就是陷入魚與熊掌不可得兼的狀態，要是覺得可以兼顧，那就太天真了。雖然商人會打著什麼「治標又治本」、「雙管齊下」的廣告口號，但既然有魚與熊掌不可得兼的道理，只能說這種說法很唬人。

大部分情形都無法兩者兼顧，硬撐的結果也是以半途而廢收場。倘若你是凡事都想做得很徹底的人，即便有這樣的選擇，還是先專注一件事比較好吧。

不過這裡所說的選擇，不是思考的選擇，而是行動的選擇，因為肉體只有一副，行動也只能單一進行。但思考就不一樣了。思考可以接受矛盾的存在，因為人腦具有這樣的容量。當然，也有人的腦子天生就是無法專注思考一件事。

我就是那種專注思考一件事，反而領悟不出任何道理的人，不如發想各種事，享受那種不斷迸出想法的感覺。

我還可以在腦中，同時走在相互矛盾的兩條路上。好比實際上是朝某個方向前進，卻能在腦中發想另一條虛構的路，反正就算現在無法做到，搞不好哪一天就可行了。正因為有所矛盾，才需要動腦思考，要是連想都不想就太可惜了。

也許活用矛盾這說法有點誇張，但我幾乎都是以這樣的模式來思考事情。**因為現在處於矛盾狀態，所以無法做到，但這個矛盾不見得永遠存在。或許哪天矛盾消除，可以勉力一試時，殘存腦中一隅的某條路便能派上用場。**我認為這一點很重要。

簡單來說，就是「不要輕易放棄」，至少我一直都是這麼想。

意識到自己的年紀

寫這篇文章時碰巧是我的生日。因為老婆大人說要幫我慶生，做我想吃的料理，所以晚餐吃了墨西哥捲餅（一半是墨西哥塔可飯）。白天開車兜風二百公里，還喝了一杯星巴克的卡布奇諾。

年輕時，想說活到五十歲就很夠本了，所以在我的人生計畫中，現在就像在消耗時間，安度餘生。我從沒想過要長壽，超過三十五年沒去醫院看病，也沒吃過半顆藥。或許因為我對活著這件事不是很執著，才會活得很健康，這也是一大矛盾吧。

第31回、思考「死亡」這件事

「死」について考えよう

想像自己要怎麼離開人世

思考生存之道的同時，當然也可以思考怎麼死亡。寫小說也是如此，書寫故事的同時，也會想想要給這個故事什麼樣的結局。

再說得明白一點，人只要還活著，就是「走在死亡的路上」。無論一個人再怎麼功成名就，或是跌入谷底，這都不是最終結果。只要看運動賽事就知道了，就算過程再怎麼拚命，比賽結束那一刻是勝是負，決定了一切。

當然，沒必要在意別人的評價，因為人生是自己的。就算人家常說什麼「蓋棺論定」，但那時要承受評價的你已經不在世上了，不是嗎？所以「蓋棺論定」這種事一點意義也沒有，這也是一種「面對死亡」的態度。

我認為人類也是動物，本來就會橫死路邊或荒野，所以我不在意自己以什麼方式離開人世，也不奢望家人看護到終老。而且之前說過，我一點也不想長壽。不過要是可以的話，我希望能盡量毫無苦痛地死去，這樣的期望算是奢求嗎？

我幾十年沒去醫院看診，也沒服用過感冒藥、頭痛藥；身體不舒服時，躺著休息就行了。雖然有幾次實在痛苦到睡不著，但還沒來得及叫救護車就康復了。最慘的一次是整整痛苦了三天，就在我想著還是乖乖去看病時，情況卻逐漸好轉。記得那時，內心有一種「莫非我還能再活下去？」的感覺。

因為我就是這種個性，要是身體真有了什麼嚴重狀況，應該會採取不必受苦的治療吧。問題是，我不期望病能徹底治好，也不想靠治療延續生命，所以對健康檢查絲毫不感興趣。總之，我不想靠治療延續生命，如果今後安樂死合法了，還請務必讓我這樣死去。我認為能夠依照自己的判斷，步下人生舞台，就是一種莫大的自由，也是我從年輕時就有的嚮往。

不過，我不會建議別人也要這樣，每個人都有自己的生存之道，這就是自由。

拚命其實沒那麼了不起

或許叫年輕人思考死亡，會有點困難吧。但無論是工作還是任何事，都有結束的一天。企劃也好、業務也好，總會有個目標或階段性任務，一旦達標，這項作業便告一段落，也要認清這項任務已經結束、已經「死了」。

雖然常聽人說：「要抱著必死的決心努力！」其實就算不抱著必死的決心，到頭來都會一死。當這件工作結束後，再也無法重新來過、無法多做些什麼，只能將心態歸零，為下一件工作努力——如果還有下一件工作的話……

活著這件事，本來就是賭命，抱著必死的決心而努力，可說是為死瘋狂。只要你還活著，就注定要為死瘋狂。

只想睡覺、只想慵懶地消磨時間，今天也喝個爛醉，日日過著這樣的生活好嗎？相信不少人都會這麼質疑。然而，這也可以說是一種為死瘋狂的行為，或許也是這種人努力活著的方式吧。

試著認真思考死亡吧。這種事沒什麼好忌諱，因為只要思考，就不會死，所以放心仔細地思考吧。而且思考的是自己的死，不是別人的死，這是只有你才能思考的事。

我家附近水池裡的鴨子，
湊近餵食牠們時，就會靠過來。
可以說是一群「乖鴨」囉！

活著這件事無法與死亡切割，這不是有無的問題，而是互為表裡的關係，只是哪一個暫居上風罷了。

我不是在探討什麼宗教話題，只是覺得思考死亡，應該能為活著多少賦予些意義吧。

除雪車派上用場

下雪天來臨時，庭園鐵道的除雪車就能派上用場。我在前面的圖片介紹過，我家這輛除雪車是以馬達驅動，還配備引擎式發電機，也就是時下所稱的油電混合車。這款除雪車沒那麼新，也不是用什麼稀奇的方式驅動，早已有不少類似機型。

但我想復古一下，將它改造成轉缸式發電機，這樣比較容易操作。反正暫時還不會下雪吧。

第32回、凡事都要「歸納統整」的社會

まとめるな、まとまるな

「歸納統整」不求原創，只求現成

近來網際網路的一大特色就是每到年底，自然會產生許多經過「歸納統整」的資料。不清楚究竟是基於什麼需求，總之，就是歸納、整理現況，而非原創。畢竟調查也要耗費心力，所以大多都是統計、整理個人喜好的各種 Best 10 之類的無聊內容。

傳媒界尤其有這種傾向，往往只是從現有的內容挑出適合炒作的題材，而不是花心思採訪新事物。反正彙整的都是大眾感興趣的東西，還能節省成本支出。畢竟大眾傳播也是一種商業買賣，當然沒理由不這麼做囉！

看到如今只求現成、譁眾取寵就自我滿足的現象，著實有點心痛。

搞不好身處網路世代的孩子們會認為，「調查」從網路蒐集來的資料就是研究，所以也抱著這種心態應付學校作業、寒暑假的自由研究課題。

研究論文中有一個章節叫做「文獻回顧」，也就是彙整這個主題的研究動向，若是省略了就無法展開研究，但這部分不算是研究。了解研究現況是起點，研究者由此開拓屬於自己的研究之路，這就是「思考」。

也就是說，若只是歸納統整的行為，其實「並沒有進行任何思考」。為了思考，一定要站上起點，告訴自己向前邁進。

不動腦思考，哪來原創。就算提出「觀點」之類的論述能得到評價，充其量也只是代表你注意到這個問題而已，還沒有進行任何開創性的觀察。

最讓我感觸良深的是，不少人都過著不動腦思考的人生。

當然，這絕非最糟糕的事，過著平順輕鬆的人生也很好，但我總覺得不動腦思考的人生毫無樂趣可言，這就是我之所以「思考」的理由。

雖然戶外氣溫零下十度，
但因為室內有暖氣，可以保持室溫二十度。
這輛遙控公車在家裡四處穿梭。

人多真的好辦事？

總之，喜歡歸納統整的人還真多。本來一群人聚集，是為了挑戰單憑一己之力無法完成的事，畢竟個人的能力有限，集合眾人之力才能完成大工程，這可說是人類社會組成的基本原則，也是一項代表性方針。

然而，現在幾乎任何工作都講求人多好辦事。好比傳統祭典活動，一大群人不知為了什麼而聚在一起，就算是要祈求五穀豐收，也沒人相信這麼做真的有效果吧（或許有極少數人相信）。

還有忘年會、新年聚會等也是，完全弄不清楚聚在一起的目的（想喝酒的話，獨自小酌也不錯啊），搞不好主辦者只是想炫耀自己人脈很廣罷了。

喜歡這種聚會的人，覺得不出席的人不夠麻吉，甚至在背後說三道四：「那傢伙真是孤僻啊！」相反地，看在討厭聚會的人眼裡，就是「一群笨蛋聚在一起」。以往前者是多數派，但近來少數派也有成長趨勢。那麼，你又是屬於哪一派呢？

總之，自以為是的傢伙才是笨蛋。其實哪一派都好，喜歡大夥聚在一起的人，就盡情享受這種感覺吧。不喜歡熱鬧的人，一個人自得其樂也很好。有時不一定就得一個人，兩個人也可以……

重要的是，千萬不要為反對而反對，一心認為要是不批評對方，就無法突顯自己的存在，這種想法只會迫使自己陷入危險境地。那些高聲抗議「反對○○！」的人，只是嗓門比較大，其實內心惶恐不安，才想以高分貝宣示自我。

即便身為少數派，也相信自己走的路正確無誤，這樣的人既不會扯著嗓門大吼，也不會非議別人，因為他們覺得沒必要這麼做。

我家沒有過年的習慣

我家從不過節，也沒有新年去寺院參拜的習慣。

因為我相信神力，就算不特地出門祈願，也能讓我事事順心，因為我知道自己洞察一切。我也不相信什麼「太歲當頭，必有災厄」的說法，不做任何祭祀儀式。即便過年期間，我還是照常工作，反正神隨時與我同在。

第33回、「相信自己」這件事，正確嗎？

「自分を信じろ」は正しいのか？

相信「自己絕對會出錯」

我二十四歲時，在地方的國立大學擔任助教，同年四月結婚，同事們合送了一部電腦當賀禮。我任職的科系剛成立，研究室設備也還沒整頓好，不知為何辦公室只有一部電腦，記得那時ＮＥＣ的8800系列剛推出，還是八位元時代。在此之前，電腦指的是計算機中心使用的機器，沒想到這東西卻突然縮小，擺在我面前。

身處這樣的環境，所以我無論在辦公室或家裡，都一直在寫程式。為什麼呢？因為那時市售作業軟體尚未推出，要是不自己寫程式，電腦就成了毫無用處的擺飾。就連遊戲、計算用軟體、圖表處理軟體，都得靠自己從無到有，一手催生。印象中，研究用的運算程式遠比遊戲程式簡單多了。

寫過程式的人都知道，就算再怎麼小心翼翼、仔細測試，還是會出錯。正因為這是理所當然，所以寫完一個程式的同時，也代表著很多事才正要開始，因為得歷經一連串測試、觀察、排除錯誤、改正錯誤的過程（debug）。

為什麼這裡會出錯？為什麼無法如我所想的運作？這可說是一連串無法預期的狀況。我因此學習到，那就是**「人絕對會犯錯」**。**無論再怎麼確定、再怎麼深思熟慮，絕對會出錯**。即便電腦做了什麼狀況外的蠢動作，也是因為人類寫的程式出了錯。

所以，相信「自己絕對會出錯」是身為工程師的基本態度。恐怕不只工程師，這種精神也適用於一般人吧。

「做自己喜歡的事」就可以嗎？

相信「自己絕對會出錯」。這麼一想，便覺得很多麻煩都在預料中，就算發生意外狀況，也能臨危不亂地處理，當然也能事先準備各種避免意外的因應對策。

我們常聽到「相信自己」這句話，但「過於相信自己」的結果，往往招致失敗。「我只能靠自己的相撲決勝負！」這麼說卻苦嚐輸家滋味的相撲力士，只能反省「自己技不如人」。

正因為不相信自己的能力，才會擬定對策。對自家商品很有信心，相信賣不好是因為宣傳做得不夠的人，根本不適合做買賣，這樣的心態與藝術家的傲慢無異。

「相信自己很優秀」這個信念，要是用在興趣方面就沒問題，倘若面對的是商場交易，重要的不是自己的想法是否正確，而是了解對方的需求為何。換句話說，重點不在於自己相信的事物是否有價值，而是讓別人想要的東西產生價值，這才是商業交易的原則。

運動賽事也是如此，有對手、也有勝負之分，所以必須因應對手的實力，適時調整自己的狀況。

若是將小說家視為藝術家，寫自己喜歡、想創作的東西，就是走在正確的路上；但若是將寫小說視為工作，那麼創作讀者想看的東西，才是正確的做法，也是走在小說家這條路上的基本態度。

現今的父母師長都會教導孩子們「做自己想做的事」、「走自己想走的路」，這

列車行駛在去年開通的木造橋上。
雖然雪量不算多，
但一下雪，就會一路下到四月。

是社會的豐富多元所造就的「寬容」。問題是現實並非如此，不可能每個人都成為藝術家。不，就算成為藝術家，近來也肯定會被要求要有一點商業素養。

雪中的美景

氣象報告說，日本將有超級寒流報到，法國和俄羅斯也是。因為地球暖化，導致極端氣候出現，即便如此，卻不見有人反對火力發電，這又是為什麼呢？

姑且不提地球暖化的事，我家的庭園鐵道全年無休，遇到下雪天，只要出動除雪車，馬上就能恢復全線通行。

我獨自走在一片白茫茫的森林中，雖然寒風刺骨，還是值得走上一遭。四周景致就跟搭乘瑞士的冰河特快車看到的一樣美，唯獨這時讓我覺得相信自己真好。

第34回、自己的信念有何價值？

自分が信じるものの価値は？

懷疑「自己走錯路」也是好事

有時懷疑「自己走錯路」也是件好事。應該說，不時存疑才是比較安全的做法。畢竟只要冠上「相信自己」一詞，就會深信自己走的路絕對沒錯，陷入自我感覺良好的錯覺。

尤其現在大家都喜歡將「相信自己」這句話掛在嘴邊，所以才會教出過度自信的小孩。若是在適合各人性向的領域所萌生出來的真正自信，那就另當別論；但孩子們往往被灌輸「只要努力，一定會成功」的想法，這種自信只像是給自己施了魔法般，不太真實。

要是有人認真地說出「我一定要贏」、「我絕對不會失敗」這種只會出現在連續劇裡的台詞，還是別和他太親近比較好。

這種人的字典裡沒有「信念」這個字眼。強勢的發言無法建構信念，想要做到這一點，唯有抱持憂慮和悲觀，設法克服「沒問題嗎？」「真的能做到嗎？」這些疑問。即使擬好所有對策，還是覺得不夠周全，這樣的精神才能萌生真正的信念。而真正具有信念的人，直到最後的最後，才會將一切「交由老天爺決定」，並往往因此成為終極的贏家。

簡單地說，就是「盡人事，聽天命」。這種人會假設所有可能發生的錯誤，模擬因應對策，建立周全的防禦，而且準備妥當。最後若能順利度過，才會感謝老天爺，坦率地說出：「能夠成功，真的很幸運。」而那些注定失敗的人，往往只聽到成功者最後說的這句話，便自怨自艾起來：「我就是沒這運氣啊！」

但兩者的「運氣」之所以天差地別，是因為打從一開始，「盡人事」的程度就有所不同。沒有察覺到這一點的人，只會成天做著中樂透的美夢，永遠不知道盡人事，只想請求神助。

這是我家的視聽室。
窗外是一片刺眼的雪白，一望無際的廣闊雪原。

錯把「偶然」當成力量

與其說年輕時我最擅長的學科是數學，不如說除了數學之外，其他學科成績都不太理想。對我這種記性不好的人來說，要背記的學科讀起來真的很痛苦，所以從一開始就放棄了，只有不用背記的數學讓我樂在其中。

我尤其喜歡應用題，沒有什麼繁複的計算，而且我解得得心應手。每次別人問我到底是怎麼解出來的，我的答案永遠只有一個，那就是「偶然想到的」。

也就是說，我認為自己的解題能力是拜偶然之賜，我不相信自己有此能耐。既是偶然想到的，也會有偶然想不出來的時候囉。換句話說，我完全不認為這是我的專長，因為連自己也不知道為何能破解，悲觀看待自己的能力。

我就讀國中時，有一次數學考得很差，那時我得了重感冒，鼻涕流個不停，而且考卷上滿滿都是計算題，我努力解題，結果還是應付不來。此後，每當快考試時，我就會擬定避免感冒的對策，畢竟只有身體狀況是可以自我調整的。

每逢考季，大學老師都要出任監考員，大學入學考試分為全國統一考試與各大學個別考試（第二次考試），我實在不懂為什麼要在這麼寒冷的時節舉行大考。

參加全國統一考試的考生幾乎都是高中應屆畢業生，考場教室裡不時會響起抽鼻涕的聲音。但到了第二次考試時，考場卻一片鴉雀無聲，很多考生都戴著口罩，也聽不到抽鼻涕聲，這又是為什麼呢？第二次考試（我偶然也有監考）多是以進入國立大學為目標的考生，當然泰半都是具有一定實力的人。光是看大學考試，就能明白每個人盡人事的程度和因而造就的「運氣」，差異會有多大。

以不滑倒為目標

年底的某天清晨，獨自在昏暗庭園裡散步的我被大石頭絆了一跤，還倒在堆了更多大石頭的地方，結果全身多處受傷，尤以膝蓋一帶的傷勢最嚴重。有好一段時間，光是爬個樓梯都很痛苦。

一月下旬起，屋外因為下雪結凍變得格外濕滑，即便穿上釘鞋，還是很危險。雖然最後一次在雪地滑倒是四年前的事，但我現在每年還是以「不滑倒」為目標。

每天早上帶愛犬出門散步是最危險的事。說「我絕對不會跌倒」的那種人，可能不是用雙腳走路的吧。

第35回、出錯反而令人開心

エラーが出ると嬉しくなる

思考的線索，就藏在錯誤裡

前面提過寫程式要排除錯誤的事，我第一次出的錯稱為 syntax error，也就是語法有誤，無法轉換成適當的程式語言。電腦迸出錯誤訊息後，我立刻更正，這情形類似使用文書處理器作業時，純粹只是輸入錯誤，卻迸出拼字有誤的訊息。面對這樣的錯誤，心裡就只能暗自說聲：「知道了，謝謝指正。」然後苦笑地立即修改，有種被罵了還很開心的感覺。

如果不是 syntax error 的錯誤，就有點傷腦筋了。即使電腦指出哪裡有誤，光檢查這個地方也無法確認，因為往往是別的地方有誤，所以計算過程中出現矛盾，電腦才迸出錯誤訊息。不過一旦摸熟這種情況，也就不難處理。最棘手的莫過於程式沒錯，電腦也確實計算過了，出來的結果卻顯然有誤。

明明哪裡出錯了，電腦卻未迸出任何訊息，也沒告知哪裡有誤，因為對它來說，一切都是按照你所設定的執行，沒有半點差池。

這就像明明員工都照著老闆的指示工作，公司的整體收益卻不增反減，甚至出現赤字，「究竟是哪裡出錯？」想破頭也想不出個所以然，公司營運陷入困境。

這時要是有人指點哪裡不對勁，就像拋出救命繩，頓時有了突破困境的曙光。因為偶然迸出的小錯誤，才能找到頭緒，思考為何出問題，也會讓人覺得「出錯真是太好了」。

從事研究也常遇到這種情況。沒有人告訴你，你做的事究竟是對是錯，也沒有可供參考的情報。這時，只要實驗迸出一點點意料之外的錯誤，就會有種線索藏在其中的預感，開心到不行。因此，不曉得怎麼思考時，先試著找找有沒有問題點，就算會被罵，只要想想如何解決這個問題就行了。即便出錯，你也知道錯在哪裡，這樣小小的確信就是邁向成功的墊腳石。

人生，是在反覆解決問題的作業

結果不盡理想，也不曉得哪裡出錯，總覺得不太對勁，這時該怎麼辦呢？變換各種條件，多方嘗試就對了。不妨輸入一直以為不太可能正確的資料，觀察結果如何。經過反覆試驗，要是運氣好的話，出錯的同時也能抓住某個確定的東西，接著就是去探尋這問題怎麼出現的，感覺很像在玩遊戲。總之，就是像這樣逐漸鎖定問題點。

下一步就是擬定假設，思考能否以假設說明這個反覆試驗的極端例子與錯誤。這麼一來，就能找到真正的問題點。

或許上述的方法，像是在說明一件很抽象的事，但這不僅適用於寫程式，也可說是解決問題的一般步驟。

無論是工作還是人生，都是在反覆進行「如何解決問題」的這項作業。雖然有些人選擇逃避問題，這也是他的解決方式，只是逃得了一時，逃不了一世。**一旦認真解決過一次，再遇到同樣的問題便知道如何處理，就是像這樣不斷磨練解決的技巧。**只不過，問題有可能越來越難，但解決的技巧能提升到什麼程度，就很難說了。

因為庭園鐵道是原尺寸的六分之一，
所以自然界看起來放大了六倍。
一旦積雪變泙，人就變成十公尺高的巨人。

每天在零度以下的庭園玩耍

雖然氣溫極低的日子持續著，但眼看最寒冷的時節即將過去，要是就這麼結束的話，今年冬天的雪量好像比較少呢！僅僅出動三次除雪車而已。

不過我不在家時，老婆大人覺得積雪太深，請了清潔隊來幫忙除雪。

庭園鐵道幾乎每天運行，要是懶得出動大火車，就讓小火車出來跑跑。雖然小火車不能載人，但好歹也是燒鍋爐的蒸汽火車，在冬日裡欣賞從煙囪冒出的白色蒸汽，也是一大樂事。

第36回、被迎頭趕上又何妨

追いつかれると嬉しくなる

沒有人可以獨占探求事物的樂趣

前面提到發現錯誤會覺得開心，這大概是身為研究者的特質，一般人也許並非如此。研究者還有一個有點奇怪的傾向，就是即使被別人迎頭趕上，也覺得很開心。我想，這就是研究者的獨特價值觀吧。

一般職場文化都是講求個人利益，相互競爭，希望自己能出人頭地，所以要是被別人超越，可是一點也不有趣。不少人甚至終日惶惶不安，深怕長江後浪推前浪，畢竟競爭就是看誰能爭第一，擔心害怕也是人之常情。

然而，研究者的感覺不太一樣。首先，研究者都是該領域的佼佼者，而這個領域就像針尖般微小，走在時代尖端，所以身處其中的人都懷有相當程度的自負與確信。除了自身不斷力求精進，也要培育、提攜後進，一步步琢磨出研究成果。當然，也會出現競爭對手。

競爭對手一旦出現，會激起研究者不服輸的心，所以研究者不會像一般人那樣深感不安、不悅，反而覺得被迎頭趕上是令人開心的事，甚至被超越也無妨。因為他們認為最幸福的事，就是能在自己的領域裡探求精進，更上一層樓。研究者的感受就是這樣坦率、單純。

畢竟一路走來都是獨自一人，沒有人可以商量，也沒有人從旁指導，而隨著競爭對手出現，有了可以討論的對象，感覺不再是孤軍奮戰。況且對手若能超越自己，或許就能解開自己無法解開的謎，像是不勞而獲般幸運。這樣要是不覺得開心，也挺奇怪的吧。

研究這檔事，也沒有什麼被瓜分、侵占的感覺。如果是「開發」，因為具有首創性，也許就有「不能居於第二」的問題。但沒有人可以獨占探求事物的樂趣，探求的對象要多少就有多少，探求者內心感受到的樂趣也是無窮無盡。

這裡是我玩模型飛機的地方。
請大家在腦中想像，下方是白色，中央是黑色，上半部是天空的顏色。

嫉妒是最無謂的事

坦白說，我從沒「嫉妒」過什麼。雖然知道嫉妒的意思，但我從沒遇過覺得嫉妒的事，也從沒羨慕、嫉妒過誰。

我不羨慕有錢人，只是希望自己也成為有錢人。每個人都是以自己的方法實現自己的欲望，欲望因人而異，實現方法也不盡相同，有時候即使結果不錯，手段卻令人厭惡。

有人為了錢不惜遭人憎惡，也有人不喜歡銅臭味。這種事沒有對錯，也沒有誰比較偉大之說。

所以我不會羨慕、嫉妒別人，因為自己在這世上是獨一無二的存在，沒必要和別人比較。

或許是我覺得「價值」這種東西是無法分享的，所以才會產生這樣的價值觀吧。因為想要的一切都是自己催生出來的，不必與他人爭奪，所以也不必擔心被搶走。況且想要的東西何其多，要多少就有多少，還能分享給別人。

我從不曾為了買想要的東西而排隊，因為我想要的不是那種限量的玩意兒。就算別人擁有很棒的東西，我也不感興趣，我會思考對自己來說什麼才是很棒的東西，也不會想要和別人一樣的東西。

看見別人的惡行惡狀，我只覺得傷腦筋，並不會生氣，因為我覺得這是那個人的欲望和手段。只是難免會感嘆原來世上還有這種人，然後更加確認自己的價值觀。

不在乎別人怎麼看待我

我沒什麼好羨慕的事，也沒興趣當眾人羨慕的對象，況且我也不曉得自己有什麼好拿來炫耀的豐功偉業。雖然有時會被別人酸上一句：「哦？你是覺得自己很了不起嗎？」但老實說，我完全沒這意思，而且還想問問：這樣能給自己帶來什麼好處嗎？人又是為了什麼而炫耀自己？

相反地，我完全不在乎別人怎麼看待我，反正我從沒直接受害過。世人總是過於介意別人的眼光、在乎別人怎麼評價自己，這又是為什麼呢？

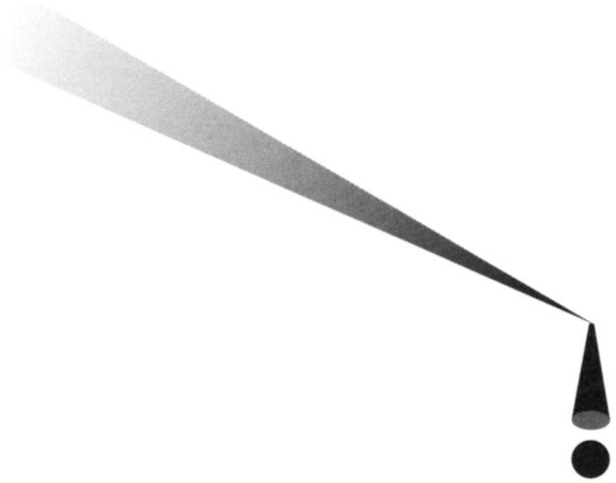

你的生存之道，就是在研究你自己，
只有你能嘗試提出假設，
然後相信自己的假設，大膽前行。
要是行不通的話，重新架構假設就行了。
因為「活著」，就是在反覆進行這件事。

／

理論是人類的最大武器，不斷思索著該怎麼做比較好，
絕不能荒廢這樣的工夫。
重要的不是基於別人給予的理論，
而是依循自己的理論往前邁進。
任誰都適用的理論，只存在於數學與物理學。

第37回、不矯飾的自己

装飾ではなく本質を

不必刻意改變別人對自己的印象

打個比方吧，總是把「我才不想當什麼有錢人」這句話掛在嘴邊，就會讓別人覺得你其實很想成為有錢人。就像上一篇我說自己「從不嫉妒」，但聽在別人耳裡八成會覺得：「其實你就是愛嫉妒，才會這麼寫。」人類就是有這等想像力，這世間挺扭曲的，森博嗣也好不到哪兒去。

不過，這種扭曲是朝著客觀方向扭曲呢？還是總朝著自我利益的方向扭曲？兩者截然不同。無奈世間的扭曲傢伙多是後者。

我不是在辯解，作家這個工作就是要抱著被誤解的覺悟。像這樣「逆來順受」，不是什麼特別事。因此，若是不想被誤解，那就學會自保，別什麼都坦白。而對我來說，寫作是工作，所以想寫什麼就寫什麼，犧牲一點也無所謂。畢竟不管是哪一種工作，多少都得犧牲點什麼吧。

就算說的是相同內容，但說話的方式不同，給人的印象也會有所差異。說得更極端點，同一句話從不同的人嘴裡說出來，傳達的感覺也完全不一樣。

我是那種無論是誰、用什麼方式發言，都會照單全收的人，但大多數的人並非如此。俗話說「不打笑臉人」、「忠言逆耳」等，都是人之常情。

畢竟人都有情緒，被貿然批評當然會生氣，所以我們從小到大都被教導溝通很重要。自我從事寫作這個工作以來，便深深覺得，能原原本本地傳達一句話、一件事的意思，真的很神奇。

人類很難不被情感左右，但我覺得要克服情緒，靠的不是人類的智力，而是理性，你說是吧？

探究「本質」的價值觀就像香料

想簡明扼要傳達自己的意見，表現的方式很重要，還得先建立彼此的信賴關係，但我認為這些都是表面的「虛象」。

為了能在社會上生存，必須經營人際關係、具備某種「演技」，這和所謂的「正直」、「坦率」完全相反。換句話說，這不僅是「虛」象，也是「假」象。

好吧。勉強以「修飾」一詞來解釋，或許比較能被接受吧。是的，這世上有太多東西都是被修飾過的。

時常提醒自己洞察事物的「本質」，確認自己不會被「修飾」所迷惑，這一點很重要。否則的話，只會一直被美麗的修飾欺騙。

身為研究者，可能是因為在這個極端的環境中耕耘了將近三十年，我理解到了本質的價值。這是在現實社會中被視為過於異端、超乎常理的價值觀吧，但我至今從未違背，也不認為這樣有何不妥。

超乎常理的想法總是令人嫌惡。雖然嘴上常說，卻不會強加在對方身上，這是需要斟酌拿捏的。

冬日早晨的庭園。
雪白的枝椏在一片蔚藍晴空下，閃耀生輝，
有如盛開的櫻花。

本質與矯飾無關，類似這樣的極端價值觀即使無法成立，但就像香料一樣，只要加上少許，就能產生莫大效果。

隨身帶著這種極端香料在現今社會求生存，可說是非常有利。只要顛覆一次似是而非的世間價值觀，便能嘗到令人耳目一新的美味，看清自己要走的路。

光是偶爾意識到：「這是假象吧！」便能讓自己不被修飾過的事物沖昏頭，說不定還會就此改變一成不變的日常生活。

在意別人的評價、行為不逾矩，過著平安穩當的人生也並非壞事，但若能像本能地感受到自己似乎缺少什麼的人一樣，偶爾將自己的極端想法拿出來，像香料那樣撒一下，體驗不同的生活或許會更好。

春天令人心花怒放

春神來了，不只氣候變得暖和，世界也變得明亮。步出屋外，呼吸新鮮空氣，連心情也煥然一新，光是這樣就讓人無比歡喜，散散步就覺得心神愉快，充滿幹勁。原來人類也是自然的一部分啊！

第38回、褒貶都無妨，重要的是數量

言葉より数を見る

重要的不是哪個人說了什麼，而是有幾個人說了什麼

不人云亦云、不隨波逐流，這樣的態度非常重要。要是無法忽視排山倒海而來的聲音，難以有效阻隔絕大多數的雜音，自己的想法就會被掩沒；一旦隨波逐流，便成了「不動腦思考的人」。

不過，隔絕雜音並不是要你完全無視周遭現狀。只要你還活著，就必須了解身邊的一切，未來是什麼樣的環境，自己前進的這條路是何景況，從各種角度觀察自己擁有的條件，以及面臨的阻撓。

首先，重要的不是哪個人說了什麼，而是有幾個人說了什麼，確實掌握這樣的人數。好比即使被稱讚，也不能得意忘形；反之亦然，就算遭批評，也沒必要消沉。**總之，別光是數著「被稱讚」的次數，也要數數「遭批評」的次數（也許是暗示什麼的警訊），再將兩者的次數加總、進行分析**。從這個數值的變化，就能掌握自己所受到的「影響」。

我就是這個方法的實踐者。大家會評價我的作品，我也會收到各種感想，而最確切的資料莫過於「究竟有多少人讀過這本書？到底賣了多少本？」這樣的數字。

若說高價的東西很難賣，便宜的東西比較好賣，那麼要看的不是銷售數量，而是業績，這才是最重要的資料。此外，如果還有製作費和宣傳費，那麼扣除這些成本後的利益，對這部作品來說就是最值得信賴的評價。

無論是正面或負面評價，在我眼裡看來都一樣。我在意的是多少人有反應，或是多少人提出意見，這才是最重要的「結果」。當然，這項「成果」也可說是最貼近出版這本書的目的。

再打個比方，我們在乎的是在學校一整天下來，有幾個同學主動和自己交談，而不是談話內容。同樣地，小朋友不管是被父母稱讚還是責罵，也會本能地以說話次數

全年無休的庭園鐵道。
兩個月後，
樹葉才會茂盛，
溫暖的陽光暫時還能遍灑地面。

來感受親子關係。也就是說，親子互動的次數是顯示父母是否關心孩子（肉眼可見的表現）的一項首要、具體的指標。

「量重於質」，才是真正的現實

我們都常聽到「質重於量」吧？之所以強調這個說法，是因為現實恰恰相反。面對銷售不如預期、市場反應欠佳的窘況時，往往會為自己找藉口：「我們在意的不是量，而是每位消費者的意見。」

就算端出「傾聽消費者聲音」如此冠冕堂皇的說詞，通常也只揀選「正面評價」。倘若真的在乎每個消費者的感受，傾聽「負面批評」更具有建設性。然而，就算收集到來自各方的聲音，若只聽一種聲音、只處理一種意見，量也只能增加一個。更何況若是讚美的聲音，量根本一個也不會增加（為什麼呢？因為讚美的聲音是來自已經購買的消費者）。

我成為作家後感受最深刻的事，莫過於無論是出版社或書店從業人員，大家都是喜歡閱讀的人，卻不開發讓不閱讀的人也會感興趣的商品。想要把餅做大，那些沒有閱讀習慣的人們才是要鎖定的吸引對象。日本閱讀小說的人口，一百人之中一個也沒有，因為是非常小眾的興趣，所以只能蜷縮在小小的世界裡閉門造車，這是我的感受。只要看看出版界這二十年來有多麼衰退，便多少能理解我的感受無誤吧。

不是自己相信很好的東西就是好商品，消費者需要的東西才是好商品；而且所謂的好商品，就是銷量好的商品。所以，必須捨棄提升品質就能創造銷售佳績的幻想，因為每個人對於品質的要求不盡相同。如果將作家這身分視為工作，要在乎的不是書迷的聲音，而是觀察有多少人不看你的作品，為何對你的作品沒興趣。

春天適合開工

天氣變得暖和，地面不再結凍的日子愈來愈多，這時的我就會想挖土，想做這做那。即便是寒冬時節，我家的庭園鐵道幾乎還是每天運行，但要是故障了，也沒辦法立刻修理，因為實在太冷了，只能等天氣轉暖時再處理。總之，拿著鏟子來到庭園真是一大樂事。

一開始，我會先拌些混凝土，打算堆疊紅磚，每天努力做一些，直到秋日來臨。

第39回、「值得做」VS.「容易做」

「甲斐」VS「やすい」

是要吃苦？還是想輕鬆？

近來人們喜歡將什麼「值得一做」、「生存價值」這類字眼掛在嘴邊，但往往未經深思，純粹當成好聽的口號喊喊罷了。本來這些詞彙是指唯有歷經苦難折磨，才會有所回報，絲毫沒有什麼「放手去做很快樂」、「活著這件事很有趣」等這些很純粹的意思，這樣應該說是完全違背這些詞彙的原意了。但大人們卻無意識地一再美化這些詞彙，所以現在的年輕人勢必會有所誤解吧。

歷經九成辛苦，才有一成回報時，才會說是「值得」。也就是說，這是用來強調、表現原本讓自己很「排斥」、無意去做的事物。

以「值得一吃」這個說法為例，其實是指量很多，吃起來很辛苦，但好不容易吃完還是挺滿足的意思，所以不是「吃起來很輕鬆」，而是近似「吃起來可不輕鬆」。再者，「值得一做」和「生存價值」也是近似「不好做」、「活著不容易」的意思，完全沒有大家追尋的青鳥之夢。

最近聽到有人明明要稱讚料理好吃，卻說了句「很容易入口」，我詫異地反問：「咦？是喔？你說的容易入口是指好吃的意思嗎？」以前要稱讚料理好吃時，不是說「好美味喔！」「口感真好！」就是「多汁可口」，累積了一些美食經驗後，甚至會想寫篇文章報導一下。

以此類推，依照現代人的想法，大多數人應該都會覺得人生「輕鬆」、工作「容易」是好事。明明如此，卻硬是高喊什麼「值得一做」、「生存價值」之類的口號，無疑是自我矛盾。那麼，大家明白矛盾的點在哪裡了嗎？

至少必須清楚自己要的是什麼，是覺得吃點苦也沒關係？還是完全不想吃苦？到底要選擇哪一個？

有些東西不是悶著頭找，就能找到

這裡有個根本性的錯誤，那就是認為無論辛苦還是輕鬆，「有一做的價值」、「生存的價值」都是來自別人的給予，所以必須去「尋找」，相信這東西一定存在於某個地方，也因此忽視身旁的事物，不相信這種價值就存在於手邊的工作、自身的周遭。

如同這些詞彙的原意所示，在重重阻礙下總算完成時，真正的「價值」會從內心而生。這是你肯做、努力活著，唯有本人才能感受到的東西。這種東西在周遭的人身上找不到，也沒有人會幫你準備好。

「幸福」、「快樂」也是如此，不是你去找就找得到。因為這東西不存在於任何地方，也不是已經存在的事物，而是只有你自己才能創造、催生出來。

不想太辛苦，想活得輕鬆自在並沒有錯，問題是懶散度日、只求快樂就好的生活總有一天會遇到瓶頸。為什麼呢？因為**先預支了小小的快樂，再來就是等著收到「帳單」的日子，這種生活方式好比貸款。千萬別浪費了快樂的利息，若想好好品嚐真正的快樂，只能一點一滴儲存與累積。**

今年冬天的降雪量不大，
所以除起雪來非常輕鬆。
再來就要迎接一片綠意的夏季。

其實我從未向別人說過這些話，因為要是對年輕人這麼說，只會被反駁：「這是老人家的想法啦！」「說教就免了。」也許酒席之間還能聊聊這種事，但我的人生也從沒那麼糟就是了。

不過我想說的是，這不是什麼經驗談，只是單純的理論。也就是說，這道理是可以計算的，和你是年長者或年輕人無關，而是一種平均值，說是不能忤逆的法則也不為過。總之，不要因為這些話是誰說的，或是看對方不順眼就斷然否定一切。唯有冷靜思考的人，才能避免嚴重失誤。

什麼時候換輪胎好呢？

每年一到四月底，我就會將冬天用的輪胎換成一般輪胎。從十一月開始使用冬用輪胎，一般會用上半年。從地球與太陽的關係看來，夏天與冬天各占一半或許是很自然的事。順道一提，樹葉茂密也是持續約半年之久。

夏天尤其令人心曠神怡，美景處處又明亮，讓人自然而然就想活動筋骨。幸好我家這邊不需要冷氣，開車時也沒開冷氣，和日本的夏天很不一樣。

第40回、清掃時才看得見的「清潔感」

掃除をした人は綺麗に見える

清掃庭園是破壞自然的行為

我很清楚自己是那種自掃門前雪的人，所以不敢說什麼大話，不過清掃這行為有著抑制熵（編註：entropy，熱力學中測量無法作功能量的一種度量，當總體的熵增加，作功能力會下降，也用以計算物理系統中的混亂程度）擴增的意味，可說是有生命、有人味的行為。

好比整理、清掃工作室等地方，從效率與安全性觀點來看，有著實質上的好處；但一想到花掉我最多時間與心力的清掃庭園一事究竟有何目的，卻覺得很不可思議。因為清掃落葉、拔雜草等費心維護的行為，顯然是違反自然的事，所以放著不管才是最保護自然的做法嗎？

問題是，對人類來說，清掃、排除異物，讓某處變得「乾淨」，是一種極為自然的情感。也就是說，「人工」這玩意兒是人腦發想出來的秩序，並且將這種秩序評價為「變得乾淨」。

櫻花盛開時，也許你會感嘆：「啊—大自然真美！」同樣地，凋零是一種自然，花兒不綻放是一種自然，強風吹倒老樹也是一種自然，所以要是做些讓樹不會被吹倒的補強措施，明顯是在破壞自然。

櫻花看起來很美，不過是因為花兒偶然一起綻放，讓人感受到所謂的「秩序」，彷彿是人為操控。

小孩子看到盛開的櫻花，也許會覺得：「哇！好讚喔！」而不是覺得「美」吧。這種感覺大都是來自大人們的灌輸，屬於後天才有的觀念，也就是並非自然，而是人為的某種思想或文化。

就像蟲子喜歡花，花兒盛開是為了招引植物和動物而施展的策略，我們也可以說是被櫻樹「魅惑了」。

回到清掃庭園的話題，無論哪個國家、哪個文化圈，只要有人管理的庭園都是人

氣溫，旦降到零下十度，
就連泡泡都會在半空中結凍。
即便是低溫時節，
還是會有溫暖陽光，
我在寒冬中嬉戲。

工庭園。為了方便人類居住，必須清除害蟲，栽植人們會喜歡的植物。

好比農業就是非常違反自然、嚴重破壞自然的行為。人類只把那種有利於己的自然稱為「美麗的自然環境」，除此之外的自然則一律視為「災害」。

唯有付諸行動才能看到的東西

清掃給人最大的感受，就是只有清掃的人才看得見的「清潔感」，這是只要做了清掃這件事，任誰都能有的感覺。反過來說，也唯有清掃的人才看得見沒有清掃的地方有多麼骯髒。沒有清掃的人看不見這些髒污，也許因為看不見，所以才不清掃。

單純想想，之所以有此差異，起因就在於注意到這個地方的時間長短吧。一旦動手清掃，就會漸漸看到髒污。

好比買了迷你車的成品作為擺飾，雖然可以每天欣賞，但看到的就只是個完整的成品。如果買的是需要組裝的模型，不但可以體會從無到有的快感，也會因為需要長久注視而摸熟各部位的細節。我覺得製作東西的主要意義，就在於能夠體驗長時間盯著某個東西看的感覺。

閱讀、觀賞故事所花費的總時間長度，和輸入大腦的量呈正比。**要花費長時間接觸的東西，一定有其相對應的價值**。由此可知，「值得閱讀」的東西，肯定比「容易閱讀」的東西來得令人印象深刻。

說得極端一點，**沒有認真看待一件事物，豈能辨別它的優劣，就連乾淨、髒污這般概念也無法生成**。

不明白這意思的人，肯定會想：「庭園很乾淨？這是什麼意思？」同樣地，「閱讀能讓我得到什麼？」內心應該也會有這樣的疑問。

人要是沒有付諸行動，腦中是不會產生任何概念的。

靜悄悄綻放的櫻花

我住的城鎮沒有櫻花，也許有，只是我沒看到。聽聞隔壁城鎮有櫻花，大概五月左右會綻放。櫻花總是靜悄悄綻放，不聽從任何指示，其實覺得「靜悄悄」的是人類，而不是櫻花。

第41回、日本人的思考，猶如靜止畫

静止画的な日本人の思考

從靜止畫到動畫，潮流已經改變

聽說二十多年前，年輕人看到黑白照片時，竟然驚嘆：「哇！好厲害喔！這是怎麼弄出來的啊？」畢竟那時早已是彩色照片當道的時代，年輕人無法想像明明現實世界是多彩的，為什麼要故意處理成黑白照片？

此外，約莫十年前，「靜止畫」一詞在日本成了流行語，亦即停格畫面的意思。在現實世界中，萬物會隨著時間產生變化，而捕捉某個瞬間，讓動作停止的「技法」就是靜止畫。從小與智慧型手機為伍的小孩，應該無法理解為何要有靜止畫吧。

因為他們認知的靜止畫，是從動畫中截取下來的單格畫面。

黑白照片在當時只能用單色印刷的環境下，被視為珍寶，而靜止畫也是用於印刷品的重要素材。然而，今後是不再需要「印刷」的時代，好比雜誌內容若是在網路上刊載，當然是設計成動畫會更吸引人。

靜止畫基本上是二度空間的情報，無法呈現三度空間的實體感。隨著視點移動，我們才能認識物體的立體形態。所謂的「動」，是指除了目標物移動之外，視點也會移動，也就是加入歷經「時間」的圖像。當然，不只是時間，還會加入聲音、味道、觸感等各種訊息，這就是所謂的虛擬實境技術。

日本人不擅長將文字展開成影像

我認為日本人一直以浮世繪、動漫等平面圖像為傲，是導致思考無法影像化的原因之一。也就是說，因為腦中沒有影像概念，只滿足於二度空間，所以3D影像在日本始終沒那麼蔚為風潮。

例如，TAMIYA（譯註：世界著名的綜合模型製造商）的模型組裝說明書以精細的圖示著稱，在國際間赫赫有名，其他國家幾乎沒有如此詳盡的模型組裝說明書，光是這個例子，便足以說明日本人不擅長在腦中展開圖形。

日本人閱讀文章，是將文章原原本本地塞入腦中。我沒辦法這麼做，所以對於閱讀文章倍感棘手。附帶一提，日本有一種稱為「輕小說」（封面是動漫風插畫）的小說十分暢銷，就是因為頗適合無法把文字展開成影像的日本人腦子吧。

英語系國家的模型組裝說明書，還是以只有文字居多，亦即光靠文章便能精確地說明步驟，閱讀的人也會同步在腦中展開影像。而日本人在這方面的能力很弱，所以日本的說明書都會特地附上立體圖。

日語缺乏邏輯性，表達方式也非常曖昧。因此，以日語思考的日本人多半都對邏輯推論頗感棘手，就連表達也受限於文字，只要一開始爭論，就會捉住對方的語病，相互批評、攻擊。

日本人說不定以為，認識漢字的字形就是一種影像式思考力，而不是以影像來記憶文字表達的意義。一般人都認為，必須將文字精確地寫在考卷的方格中，這是基本知識，也是教養。

我家附近的農地。
田地十分遼闊，所以需要大型卡車，
冬天時，我都會在這裡玩遙控飛機。

明明已經引進各種英文教育很多年，日本人的英文會話能力還是很差。不過日語會話本來就不是那麼自由的表達方式，只要做過日語的聽說測驗，就能明白我所言不假。換句話說，我認為日本人其實並非不擅長英語會話，而是本來就不擅長傾聽和表達，不是嗎？

世間動向真的很有趣

直到上一篇為止都是曾在網路連載的文章，但從這篇開始則是我新寫的文章。沒想到現在還是介於紙本書與電子書的過渡時期，而我在這樣的時代，從事書寫這項工作。也許這麼說不是很得體，總之，世間動向真的很有趣，我從沒想過自己會對這樣的社會所發生的事頗感興趣。

成了作家之後，收到許多書迷的 mail，從而了解世間的各種事。我想，這就是我與社會互動的方式，也許會被嘲諷跟不上時代吧……

第42回、你是多數派，還是少數派？

多数派か少数派か

多數派真的意見一致嗎？

多數派與少數派是如何產生的？首先，多數派不是碰巧很多人的意見都一致，而是很多人企圖讓意見達到一致，而且恐怕多是為了配合周遭的步調，所以就算稍為妥協也無妨。其中不乏那些本來就沒什麼意見，只是想尋求夥伴而順從多數派的人。

我之所以這麼認為，是因為觀察到「多數」具有力量，而且人可以受惠於這股力量。這股力量和民主主義無關，而是一種從以前便存在於人類社會，習於羨慕、嚮往「群體」的本能傾向。

「群體」就是這種羨慕存在的理由。無論是攻擊或防禦，唯有集眾人之力才能得勝，何況在戰事激烈時，早就忘記意見是否一致的問題，而完全「沉醉其中」。

能夠證明以上論點的證據就是，群體在戰爭結束後往往會起內鬨。因為一直都是忍耐著配合，而不是彼此的意見完全一致（也就是並非多數派），加上得到的利益比預想中來得少，自然會迸出許多不滿的聲音。

反觀少數派則是一群討厭結黨集社的人，有著除非自己轉念，否則不會隨便妥協的價值觀，所以怎麼樣也整合不起來。以往這樣的勢力在社會上屬於弱勢的一方，現在則受到人權保障，能夠暢所欲言，所以就算當個少數派也沒什麼不好，既可主張自我，也能宣洩自己的想法，聽起來非常健全，不是嗎？

多數派與少數派最大的差異，在於看待「群體」的態度是正面還是負面。無論哪一方都是照著自我價值觀而活，所以無關對錯。

少數派變得更容易生存了

由於社會潮流趨向個人主義，少數派在這世上也比較容易生存了。然而隨著網際

跑到玄關前露台的兄弟倆（黑色是哥哥）。
有客人來，牠們就會吠叫，可以代替門鈴。

網路普及，不可否認某些狀況又回到多數派掌控的局面，而且多數派往往聲稱自己是主流派，攻擊脫離群體的少數意見。

事實上，網際網路也被多數派把持，要是討厭的話，那就不要上網。有人會說些「現在是資訊氾濫時代」之類的言詞煽動危機意識，其實會覺得大量情報蜂湧而至，是因為自己無法關掉手機、拒絕接收，不是政治和社會的錯。

身處現代社會的我們縱使阻絕周遭的聲音，還是可以活下去，反正有電可用、有電車可搭，即便身為少數派也不會被逮捕。

據我觀察，愈來愈多人想要活出自我，這可以說是過於群體化的結果吧，因為再也受不了被群體束縛的壓力。這些人從被美化的群體意識中覺醒，總算認知到自己是獨立的個體。是的，**人類本來就是一個人，再也沒有比一個人更少數派的少數派了**。

大多數的人都是在一般家庭中長大，認為得成家立業才符合常理。上學、考試、工作、結婚、建立自己的家庭，描繪一條正確的「路」。

然而，這條路充其量也只是眾多道路中的一條。基本上，走哪條路都行，只要稍微想想，就會發現有無數條不同的路，也或許沒路可選，那就自己打造吧。

「群體」與「羈絆」的產生，是為了維護法律與社會制度。就這個意義來說，犯罪者就是不服從體制的少數派，除此之外的大多數人則是多數派。

每個人都有權決定自己是否要隸屬於多數派。融入群體也好、獨善其身也行，走自己喜歡的路就對了。

選擇自在的生活方式

每個人都想活得輕鬆，不想太辛苦，歸屬群體的確能過得輕鬆些，不過換個角度想，離開群體也有好處。有時候只要單純地思考什麼對自己有益就行了，這一點很重要。

我討厭與群體為伍，完全不想跟別人結黨集社，一個人反而落得輕鬆。也許你會問我：「不覺得一個人很孤獨嗎？」不會，我超愛孤獨。

第43回、沒有沉穩至上的道理

落ち着かなくても良い

一心多用也沒什麼不好

我從小就是個不夠沉穩的小孩，雖然長大後在人前可以裝得很沉穩，但純粹只是演技好，根本沒沉穩過。對我來說，什麼都不做、腦袋淨空的時間大概就是睡覺吧。

我是不太可能專注於一件事的人，而且只要時間一拉長，便完全失去耐心，所以都是多工處理，力求短時間內解決事情。不管是在課堂講課、還是開會時間，若一直都在做同樣的事，真是無趣透頂，所以我會盡量讓授課內容活潑多元，努力編寫無法馬上讀通、得動腦思考的講義。要是不這麼做，學生肯定一下子就厭倦上我的課了。

或許我就是靠著這一招，讓自己成為獨樹一格的作家吧。

就拿「拚命努力」來說吧，努力做好一件事的人真的很了不起，值得讚揚。什麼都想沾點邊、學個皮毛的結果，就是做什麼都半途而廢……我當然也是被灌輸這樣的觀念，受這樣的教育長大。

只可惜，什麼事都努力做完、持續做同一件事的生存方式實在不適合我，我很明白自己不是這塊料。所以一旦自己偶然對什麼事很感興趣，能像一般人「持之以恆」，就會很開心。最近，我則是不禁佩服自己，竟然能從事寫作長達二十幾年。

即便是興趣，我也是大概同時進行十件完全不同的事，其中的三或四件做到一半便放棄（應該說是待辦事項），剩下的六、七件會一口氣做完。所以比起專注於一件事，不但要花上超過五倍的時間，內容也龐雜多了。

如果是收取酬勞的工作，我一定會努力做好，達到別人的要求；倘若只是自己的興趣，就不會那麼認真，能做多少算多少，只要自己滿足就行了。總之，我覺得一心多用也沒什麼不好。**要是將標準訂得太高，不但無法靜下心來完成，反倒成了壓力，所以要懂得如何取捨**。

不夠沉穩，反而容易迸發靈感

不夠沉穩的另一種表現，就是處於左顧右盼、心神不定的狀態。簡單來說，就是行為舉止不太對勁，即使表面看不出來，腦中也是思緒紛亂。不知為何，當我處於不太沉穩的思考狀態，反而容易萌生新奇想法。

要說不夠沉穩有什麼好處，應該就是容易迸出靈感這一點吧。這種發想式思考，和始終專注於一件事的「計算」式思考，可說是完全相反。

其實我也很希望自己能沉穩一點，只是怎麼樣都做不到。尤其發想時，心情格外浮動，但身處這樣的狀態，反而更有靈感，所以不夠沉穩也沒那麼糟。

心情浮動時，精神狀況可能不太好，什麼點子都想不出來時，更是焦躁不安、失去自信。其實會這麼想的人，肯定缺乏自信，因為靈感這玩意兒往往是偶然湧現，絕非靠自己的能力就可以製造出來。

我的工作、我的生存方式就如同在走鋼索。沒錯，我的「路」就像一條纜繩吧，盡量提升這條纜繩的強度，而且只要拉緊，多少能有所助益、好走一些。

五月一到，鬱金香總算綻放。
我家請人在庭園種植球根，
一共栽植了約二百株鬱金香。

工作和興趣的區別

我到現在只做過研究者與作家兩個工作，都不是出於興趣，而是為了賺錢餬口，就像在打工的感覺。

另一方面，如何用錢也是我的興趣。對我來說這也是一種「工作」，或者應該說是「事業」才對。雖然有時是赤字，但只要花點心思投資，總有一天會變成黑字吧。近來總覺得工作和興趣的區別，或許只是在於與周遭的互動關係有所不同，我面對的態度倒是都一樣，不曉得這樣的狀態也算是幸福嗎？

第44回、不是因為喜歡而做

好きだからしているのではない

你做的是你「喜歡」的事嗎？

我想現在的年輕人，小時候應該常常聽到這句話：「做自己喜歡的事。」根據我的觀察，這股風潮近幾十年來確實席捲了全日本，可說是美式文化深深影響日本的最好證明。

自己相信的事、自己喜歡的事、如自己所想的事，只要選擇忠於自己就對了，永遠都要誠實面對自我……這是不少人會掛在嘴邊的美言佳句。

然而當我們長大成人、步入社會後，往往再怎麼討厭的事也得面對，無法隨心所欲做自己喜歡的事，只能配合周遭，勉強擠出笑容，服從上司的指示。表達自己的意見，彷彿成了遙不可及的夢想。

從小被教養成個性認真的人，縱使吃得了苦，卻也逐漸認知到，周遭那些討厭的傢伙反而活得隨心所欲多了。好比豬頭上司、或是讓你打從心底看不順眼的同事，這些人就是臉皮夠厚，才能想說什麼就說什麼。

當然，一想到這些就氣惱的你，也會想要放縱自己。就算不能任性妄為，起碼可以讓思緒放縱一下，在心裡想著：「那些討人厭的傢伙還真是喜歡損人啊！」

其實你會這麼想，是因為被囚縛在「做自己喜歡的事」這樣的幻想中。

一旦深陷於「做自己喜歡的事，是人類的行為原理」這般價值觀，便很難看清社會情勢、人際關係的真相。怎麼說呢？因為人類並非依循如此單純的原理來行動。

這就像是小說裡若安排美女登場，不少讀者就會認為：「作者應該很喜歡這類型的女人吧！」其實不然。小說家是因為知道讀者吃這一套，才安排這種角色登場。只有心智程度還停留在國中生的作家，才會將自己的喜好以小說來實現吧。

從露台探出身子的是Hecto（弟弟）。
夏目漱石的愛犬好像是叫Hector，
但兩者無關。

喜歡或討厭，不是唯一的判斷基準

想做喜歡的工作是理所當然的事，就連小孩子也會這麼想。然而，**不是做自己喜歡的工作就能凡事隨心所欲。畢竟拿了報酬，就必須善盡職責、達成要求。**

無論是多麼喜歡的事，只要牽扯到報酬，被別人指定做些什麼，恐怕就會變得不喜歡這件事吧。搞不好還有點討厭，甚至是很討厭？

也因此，基於「喜歡」這個理由而選擇的工作，往往容易讓人懷疑「自己莫非不適合這份工作」，而陷入進退兩難的窘境。

簡單來說，「因為喜歡，所以適合」的想法很短視，有著根本上的錯誤。或許有人運氣好，沒有因此幻滅，但可能只是表面上看來沒問題，內心卻很矛盾、糾結，懷疑「這份工作真的適合自己」嗎？

相對地，很多人是基於「討厭」這個理由而不做。不過請仔細想想，應該要有多一點其他的判斷基準，再決定要不要做。好比再加上「損益」——說得更明確一點，就是將來會產生的損益，要是預感這麼做總有一天會獲利，就該付諸實行。

讀書一事也是，不是出於喜歡而讀書，而是為了將來著想，就算再怎麼討厭也要讀書。問題是，我明明這麼想，但看到正在讀書的朋友卻會覺得：「那傢伙還真喜歡讀書啊！」想想被觀念囚縛的人，究竟是誰？

大多數教育者都誤以為，只要讓孩子做什麼，孩子就會喜歡上這件事。運動選手常會說：「我是基於興趣才會進入這個領域。」千萬別被這句話誤導，奉勸諸位還是小心為妙啊！

綠意攻防戰

一到五月初，長出青苔和雜草的地面率先呈現一片綠意，接著是冒出新葉，六月左右長得最茂盛。於是，庭園一口氣變成了森林。地勢較低的地方先變綠，是因為植物想曬到陽光吧，哪怕只是一點點也好，畢竟陽光總是很難遍灑地面。這道理就像中小企業起初很賺錢，但再怎麼賺錢，總有一天也會被大企業鯨吞蠶食，不免讓人體悟到自然界的競爭有多麼熾烈嚴峻。自然原本就很殘酷，野生環境絲毫不講情面。

第45回、誠實面對比拚命努力更重要

一所懸命より誠実さを

「拚命努力」是行動還是口號？

就像前面一再強調，我無法成為拚命三郎型的人，我覺得就算拚命努力，也不見得多有成效。

可能因為我是那種只要時間太趕，就會神經緊繃的人，常因此導致身體出狀況，或是累到隔天早上起不來，結果反而賠了夫人又折兵。

不過這是我的情形，畢竟也有很多人因為拚命努力而成功，不能一竿子打翻一船人，每個人都有適合自己的做事方式。

然而，仔細聽聽成功人士的經驗談，就會發現他們的做法似乎和拚命努力有點不同。怎麼說呢？因為他們幾乎都是「每天孜孜矻矻」、「持之以恆」的人，不能單純將之歸類為拚命三郎。

此外，也有不少人光說不練，只會浪費時間。像那些一起高喊「加油！」後就去飲酒作樂的人，往往只是喝個爛醉，想說明天再開始努力，結果一群人全都宿醉。老實說，我才不信大家一起高喊「打拚吧！」「加油！」「打起精神來！」之類的口號，就會真的奏效，充其量只是耍耍嘴皮子罷了。

要是可以的話，還真想把這些口號寫進合約裡。好比在歡迎新進員工的入社典禮中，最常聽到「我一定會全力以赴」這句話，真希望把它記在合約上，要求每個新人蓋手章以資證明。不過要是這麼做，就必須將「拚命努力」的狀態稍微定量化，並以數字表示才行吧。問題是，各位做得到嗎？

難道「拚命努力」，就只是嘴巴說說嗎？

若是如此，恐怕再也沒有比這幾個字更無價值的詞彙了，根本與招呼用語無異。

誠實，簡單來說就是「不懈怠」

還有一個問題是，許多人對於「拚命努力」的印象就是咬緊牙關、奮鬥不懈，發揮瞬間爆發力、專注力，以為這麼做就能得到出乎意料的結果，所以才會將平時拖拉散漫，非得等到火燒眉毛才肯熬夜努力的情形，也說成是「拚命努力」。不然就是失敗時說句「好歹我也拚命努力過」，為自己找藉口。

咬緊牙關時，會自然而然地憋氣，所以這種狀態只是一瞬間的事，無法持久。據說人類憋氣跑步，頂多能跑二百公尺。

若想拉長能跑到的距離，就要選擇效率最高、能締造最大整體成果的方法，而大多數情形都是以逐步累積、持之以恆的方式完成。好比職場工作、學校教育等社會組織，都是制定分散型而非集中型的作業時程，就是一大證明。

從這個層面看來，誠實面對任何事的態度，遠比拚命努力來得重要。而所謂的誠實，簡單來說就是「不懈怠」。

這世上有很多人就算拚命努力也無法成功，也有很多人具備才能卻站不上巔峰。但誠實面對一切，至少不會讓你墜入谷底。

尺寸和庭園鐵道差不多的大眼娃娃。
雖然她的頭特別大，
但和輕軌的動漫風車體十分速配。

人際關係也是如此，只要誠實待人，一定能和對方構築良好關係。足見誠實的態度不僅不會招致任何損害，也不會讓你走偏了路。

暫時卯足全力是任誰都能做到的簡單事，一點也不特別。差別在於，你可以拚命努力幾次？又能持續多久？

年輕就非得拚命努力？

年輕人常搞不清楚自己有何能耐，這是無法測量的事，而且一個人的能耐會隨著年紀漸長，出現莫大變化。

自己究竟有多麼拚命努力，唯有親身試過才能感受。就像引擎究竟能運轉到何種程度，也必須先經歷過「紅區」（red zone）才行。就這個意義來說，拚命努力的價值，就在於能藉此衡量自己，也便於擬定今後的計畫。

不少人常將「一生都要拚命努力」這句話掛在嘴邊，甚至寫下來提醒自己。我覺得要賭上「一生」，實在太累了，我還是比較喜歡悠閒一點的生活方式。

第46回、想永遠像個小孩

いつまでも子供でいたい

總覺得自己還不夠成熟

已邁入耳順之年的我，沒想到自己竟然活了六十年。年輕時，想說自己頂多活到五十歲吧，所以毫無疑問，我達成個人史上最大的壯舉，就是活到六十歲。

玩笑話先擱一旁，我都到了這把年紀，還是常常覺得自己長不大。可能也是因為老婆大人總愛叨唸我「很幼稚」，也就被洗腦了吧。

首先，我總覺得朋友和工作上來往的人，好像都比我年長，即便對方是二十幾歲的年輕人，還是給我「前輩」的感覺，所以自然就會像對待長輩那樣恭敬。不然就是對方聊起往事時，我也常聽得一頭霧水，甚至脫口而出：「我不曉得有這種事呢！」

我從年輕時就是如此（當然，年輕時這樣比較好），待人一向恭敬有禮，有時遇到後輩，還有點不知所措。任教大學時，雖然周遭都是年輕人，但基本上我都將他們視為「客戶」，這也是因為我習慣以禮待人吧。我從來不爆粗口，盡量恭謹以對。

總覺得自己還不夠成熟，還在人生這條路上日日修練。另一方面，我也常抱著現在還沒正式上場的心態，所以總是很快放棄，想說就算失敗了，反正「還有下次」、「總有一天會成功」。就連對待自己的孩子也一樣，到現在我還是有點尊敬他們，心想他們好獨立、好可靠啊！有種他們才是為人父母的感覺。

為什麼我會有這種心態呢？我試著思考，卻想不出個所以然。或許，身段放低一點，會讓我的心境沉穩許多吧。

身為大人的我們真的比孩子聰明嗎？

形容大人「像個孩子」通常帶有負面意思，誇讚一個人能夠「成熟應對」則是正面表述，所以不夠成熟的部分就是所謂的「孩子氣」。

自由闖越鐵軌的兩兄弟。
停下來的這輛車，人可以坐進裡頭駕駛，車體足合板製。

那麼，什麼樣的行為才稱得上「成熟應對」？也就是學會壓抑自我、配合周遭，藉以博得旁人的信賴，基於對自己有利而做的行為。

反觀小孩子就是直率坦白，不會考慮以後的事，想到什麼就做什麼。不過，小孩子多少知道別人怎麼看他就是了。

若以抽象化的方式描述，可以說前者是懂得察顏觀色，後者則是坦率表達自我。若能靈活運用兩者的特性，自然最為理想，但一般人只會表現出前者，相信忍耐是為了自己著想，以致於背負不少壓力，還不斷告誡自己是個大人，深怕若不這麼做，將迎來破滅的結果。

真是如此嗎？

也有人無法忍耐，放棄當個「大人」，只想像個自由自在的「孩子」。至少我就聽過幾個這樣的例子，還看到這些回歸赤子之心的大人們露出幸福笑容。

反觀那些總在察顏觀色的「大人」們又如何呢？他們會開懷大笑嗎？也許只有在喝醉的時候吧。不對，不少大人喝醉時可是滿腹牢騷，真搞不懂他們到底是為了誰，如此壓抑自己呢？

我無意和任何人爭辯什麼，只是覺得沒辦法一個人玩樂的大人世界還真是複雜。**小孩子不但可以自己一個人玩，也可以和任何人玩，他們不會去想跟誰合得來、合不來這種事。**

每個大人都曾經是小孩，在人生路上慢慢地學習、吃苦，理當變成成熟的大人，但身為大人的我們真的比孩子聰明嗎？

漸入佳境

小時候的我從沒覺得快樂過，就算跟年輕時的我相比，現在也感覺幸福多了。也就是說，現在比起過往任何時候都好，所以我從沒想過要回到從前。

不只我，日本社會也是。就我看來，現在比以往好多了。

今後一定也會愈來愈好吧。

第47回、會後悔的人，往往就是想後悔的人

後悔する人は後悔したい人

因為不怕後悔，所以更容易後悔

我很少後悔自己做了什麼，頂多好幾年一次，而且不是後悔什麼嚴重的事，只是「昨天好像有點吃多了」之類的事。

要問我為什麼不會後悔，只能說要怎麼做是出於自己的判斷，就算判斷錯誤，也是沒辦法的事。而之所以出錯，是因為當下的情報不足，才會做出這樣的判斷，所以我不會後悔。

當然，我也會忘東忘西、犯些小錯，但要是每件事都後悔，可就沒完沒了，所以

我都是苦笑一下就算了。

大概是因為我非常害怕後悔吧，所以為了不後悔，我習慣事前想得周到一些。近來透過網路可以看到各種發言，不少人都在暢談自己很後悔的事。說得概略一點，這些人多半是因為正身陷麻煩之中，於是喟嘆早知道會變成這樣，當初那麼做就好了……看來有煩惱的人，大多是為了什麼事深感後悔，還不忘告訴自己以後別再重蹈覆轍，提醒大家也要多注意。

看到他們這模樣，我忍不住想著：「這些人好像很禁得起打擊嘛！」因為禁得起打擊，所以不怕後悔。比起他們，我只要判斷錯誤就覺得很受挫，所以會先深思熟慮才做出決定，就算結果不如人意，也會原諒自己。

我想說的是，正因為不害怕後悔，也不會因為判斷錯誤而深受打擊，所以很容易讓自己陷入後悔狀態。

我說這些人是「想後悔的人」，也許有點跳躍性思考，但就某種意義上來說，他們其實希望自己後悔，而且是無意識地萌生這種願望。

悲劇英雄的心態作祟

或許不少人認為悲劇英雄心態是虛構的，現實中不可能存在，其實不然。無論是誰，或多或少都有被害者意識吧。要是過於挑明了講，恐怕會遭非議，總之就是貶抑自己，希望博取同情，成為眾所矚目的焦點。「好可憐喔！趕快振作起來吧！」想要得到別人的安慰。小時候一定有過這種心情，說不定老人家也會如此。總之，就是一種弱者心態。

不想讓別人知道自己很後悔，這種心情可以理解，但近來不少人都會輕易地公開表明後悔，就像愈來愈多藝人坦承自己的病情，將不堪的一面公諸於世，而且主張這沒什麼好丟臉的。真的是如此嗎？

我認為不該歧視別人，我也不是這種人，但總覺得抱持什麼缺憾的人，理當會覺得難為情，不是嗎？雖然旁人都會安慰他們不要在意，但當事人還是會難為情吧？

坦白說，我實在無法理解，為什麼有人能夠大剌剌地說出自己很後悔。要是真的很後悔，應該會默默藏在心裡，而且為了避免重蹈覆轍，努力設法改變。況且等到真的挽回一切，再說出當初失敗的原委也不遲，不是嗎？

以燒柴炭行駛的蒸汽火車，
無論是事前準備或善後都很費力，
所以得看日子行駛才行。
但看著火車順利行駛著，真的很滿足。

「我失敗了，今後我會改正。」這種人的話不可信。我比較相信完全改正後，再說出自己為何失敗的人。畢竟「信賴」，不是光靠滿腔熱血便能輕易建構。

工作中的挫折也是動力

其實我是個很笨拙的人，所以工作上一定會出錯，往往沒辦法達到自己想要的結果，順利完成。不過，我從來不會因為犯錯而後悔不已，只當成這是一個衡量自己究竟有多少能耐的機會。

我也很慶幸，自己沒有把最喜歡的事當成謀生的工作。

雖然不知道有多少次因為做不好而焦慮不已，但這些焦慮反倒成了下次投入工作的原動力。我想，一定是因為不滿意，才會不厭其煩地堅持下去吧。

第48回、知道自己的無知，才稱得上有教養

未知こそが教養である

未知，是通往已知的向量

有些人相信，擁有豐富知識就代表很有教養，其實不然。有句著名的格言是這樣說的：「知道自己有多麼無知，才稱得上有教養。」

因為知道，所以容易自以為是、輕忽大意，以致於不動腦思考。倘若擁有龐大的知識量就代表很偉大，那麼字典豈不是比人類還偉大。問題是，字典不是活生生的東西，不會意識到自己「不知道」，也不會動腦思考，所以稱不上有教養，具備的知識也有一定限度。

意識到自己「不知道」，便成了求知的動機，這和「活著」具有同樣的意義與價值。因為不知道而思考，因為不知道而努力，因為不知道，所以為了想知道而努力。「未知」這個詞，讓人覺得像是通往已知之事的向量。雖然自己不知道，但只是處於「還」不知道的狀態，總有一天會知道。就是這個希望，驅使著我們前進；就是這種「總有一天會怎麼樣」的心情，讓人類一路走到現在。

於是，當你知道時，就會產生想更了解的心情，而且只要想起明天的目標，就能忍受今天遭遇的小小痛苦。

必須要走，才能抵達路的終點，因為路是不會自動載運人的。而讓人往前行的工具，就是看著路的雙眼，思索著未知前途的頭腦，以及一步步交替向前的雙腳。

在路的彼端等待我們的是，未知。「總覺得好像有著什麼」的預感可以溫暖人心，這種溫暖感，就是我們活著的證明。

因此，**比起抵達目的地，目前正在行走中的狀態更有價值。獲得知識一事並沒有價值，唯有求知這個行為，才能打造屬於自己的價值。**

好比人生這條路，終點就是「死亡」，這是我們行走這條路的目的，而不是價值，應該是任何人都明白的事吧。

愛犬們乖乖地坐車，而且一坐上去，
就不想下來。
看來牠們知道「樂趣」這回事。

最後的雜誌連載

從二〇一一年的秋天開始，我的文章在《CIRCUS》連載。在這之前，我一直很排斥雜誌連載的邀稿，但聽到這本雜誌的讀者年齡層是以初入職場的年輕人為主，想說應該可以寫些稍微不一樣的東西，便慨然允諾。結果，這成了我最後的雜誌連載。

記得我和總編輯、編輯約在夏天於東京台場舉行的國際鐵道模型交流會碰面，因為我自己做的模型也有參展。一問之下，每回連載的內容約二千字，共四十八回，連載四年後便能結集成冊。記得那時我還問他們：「這本雜誌能撐四年嗎？」

沒想到連載約一年後，這本雜誌就停刊了。我一共寫了十二回，連載到第十一回便終了。因為稿量不夠結集成書，也不可能在其他出版社出版。

我想反正將來一定還有機會，便將稿子先擱著，這一擱就擱了四年。後來，發行《CIRCUS》雜誌的出版社希望我在網路上繼續這個連載，而聯絡我的就是那時只有一面之緣的總編輯S氏。

後來我又開始連載，一共在網路上發表到第四十回，其餘的八回則是為了出書補寫的。因此，第一篇文章已經是九年前的東西了（照片也是當時拍攝的）。

這段期間，日本社會的職場環境應該改變了不少吧，聽說險惡之事已經少了許多，雖然我不太清楚實際狀況，但不難想像應該是往好的方向發展。

儘管大環境依舊不景氣，但大多數人好像也習慣了。因為有人失言或犯錯而引起公憤，也成了見怪不怪的事。

開始連載時，我幾乎是想到什麼就寫什麼，有時候連自己都覺得觀點好像太尖銳了。反正這是個不下點猛藥，根本就沒人理睬你的世界。

這就是我想要的生活

感覺自己這幾年越來越封閉，現在幾乎過著完全沉溺的生活。我不碰什麼社群網站，也不接受媒體採訪，就連出版社的工作人員，也是破例只和兩、三位碰面。最後我想說，這就是我想要的生活，所以每天都過得很快樂。

「我失敗了，今後我會改正。」這種人的話不可信。

我比較相信完全改正後，再說出自己為何失敗的人。

畢竟「信賴」，不是光靠滿腔熱血便能輕易建構。

／

我從來不會因犯錯而後悔不已，只當成這是一個衡量自己有多少能耐的機會。

雖然不知道有多少次因為做不好而焦慮不已，

但這些焦慮反倒成了下次投入工作的原動力。

我想，一定是因為不滿意，才會不厭其煩地堅持下去吧。

譯後記、感受森流魅力，走上探索自己的路

楊明綺——本書譯者

好吧。我招了。我是「森粉」。

翻譯森博嗣的《孤獨的價值》，只是喚醒身為森粉的回憶，絕非成為鐵粉的契機。因為早在十幾年前，他那融合理科與文學的推理小說系列作（犀川&萌繪系列、瀨在丸紅子系列、四季系列、女王百年系列、空中騎士系列等），便深深擄獲我的心。原來除了用時刻表殺人、各種千奇百怪的藥物害人之外，還能結合數學、科學、工學、模型、建築學等硬知識，構築出讓人目不暇給的推理世界，簡直讓啃食推理小說長大的我大開眼界。

從此，「森博嗣」這名字再也沒離開過我的閱讀清單。

森老師說他很白目，其實他不白目，只是看透了很多事，才能用獨到又犀利的觀點，戳破我們視為理所當然的假象，推翻一般人自認的常理。即便是老生常談，從他口中說出來就是不一樣。這股森流魅力從他早期的系列小說便能窺見，在中後期的散文、詩集等各類型著作更是臻於顛峰。

話說我翻譯這本書時，一直有「被罵」的感覺，並非猝不及防的當頭棒喝，而是有人拿著一把麵包刀，慢慢地捅著你的心窩，逼得你不得不正視自己的狡猾與軟弱，反省自己的見識淺薄。

如同森老師在書裡提到的一段話：

「你的生存之道，就是在研究你自己，只有你能嘗試提出假設，然後相信自己的假設，大膽前行。因為『活著』，就是在反覆進行這件事。」

其實我們一輩子最不瞭解的人，就是自己；而人生最有價值、最困難的一門課，就是學習如何與自己相處，如何跨出自以為是的舒適圈。森老師除了在書裡漫談各種人生哲學與價值觀，也提及不少生活點滴、與家人之間的有趣互動，看似信手拈來的一字一句，卻是告訴我們什麼才叫活得自在，什麼才叫享受人生的金玉良言。

二〇〇〇年，森老師出版了一本圖文書《全部成為E》（森博嗣／著、山下和美／繪，幻冬舍出版），書裡一篇篇的日記隨筆記錄了他的日常生活、工作近況、處世哲學，再加上森式慣有的碎碎念。相隔多年後，這本《沒有路的路》無疑是《全部成為E》的升級版，為什麼呢？

因為辭去教職，成為專業作家的森博嗣活得更自在、更灑脫，以他骨子裡流淌的理科血、根深柢固的研究精神，持續不輟地朝著他的那條路前進。而這條路是一條「沒有路的路」，世上獨一無二的路、充滿未知樂趣的路。

期望大家透過這本書，感受森流魅力。

Soulmate 08

沒有路的路

活著，就是一種未知。「總覺得好像有著什麼」的預感可以溫暖人心，
只有向前走，才會知道是不是路。

作者　森博嗣
譯者　楊明綺

特約主編　賴文惠
美術設計　井十二設計研究室

總編輯　郭玢玢
社長
發行人
兼出版總監　郭重興
　曾大福

出版　仲間出版／遠足文化事業股份有限公司
發行　遠足文化事業股份有限公司

地址　新北市（231）新店區民權路 108-1 號 8 樓
電話　02-2218-1417
傳真　02-8667-2166
客服專線　0800-221-029

電郵　service@bookrep.com.tw
網站　www.bookrep.com.tw

劃撥帳號　19504465／遠足文化事業股份有限公司

印製　通南彩印股份有限公司

定價　NT$360
初版　2020/9（一刷）

法律顧問　華洋法律事務所／蘇文生律師

版權所有 翻印必究
缺頁、破損或裝訂錯誤請寄回更換

特別聲明：
有關本書中的言論內容，不代表本公司／出版集團之立場與意見，文責由作者自行承擔

Original Japanese Title: MICHI NAKI MICHI Uncharted Unknown
© MORI Hiroshi 2017
Original Japanese edition published by KK Bestsellers Co., Ltd.
Traditional Chinese translation rights arranged with KK Bestsellers Co., Ltd.
through The English Agency (Japan) Ltd. and AMANN CO., LTD., Taipei.

沒有路的路
活著，就是一種未知。「總覺得好像有著什麼」的預感可以溫暖人心，只有向前走，才會知道是不是路。

森博嗣著；楊明綺譯
初版—新北市：仲間出版
遠足文化發行 2020.9
272 面；14.8 × 21 公分（Soulmate；8）

ISBN　978-986-96457-6-8（平裝）
1. 人生哲學　2. 自我實現

191.9
108009874